白洲次郎の流儀

白洲次郎　白洲正子
青柳恵介　牧山桂子 ほか

とんぼの本

新潮社

CONTENTS

目次

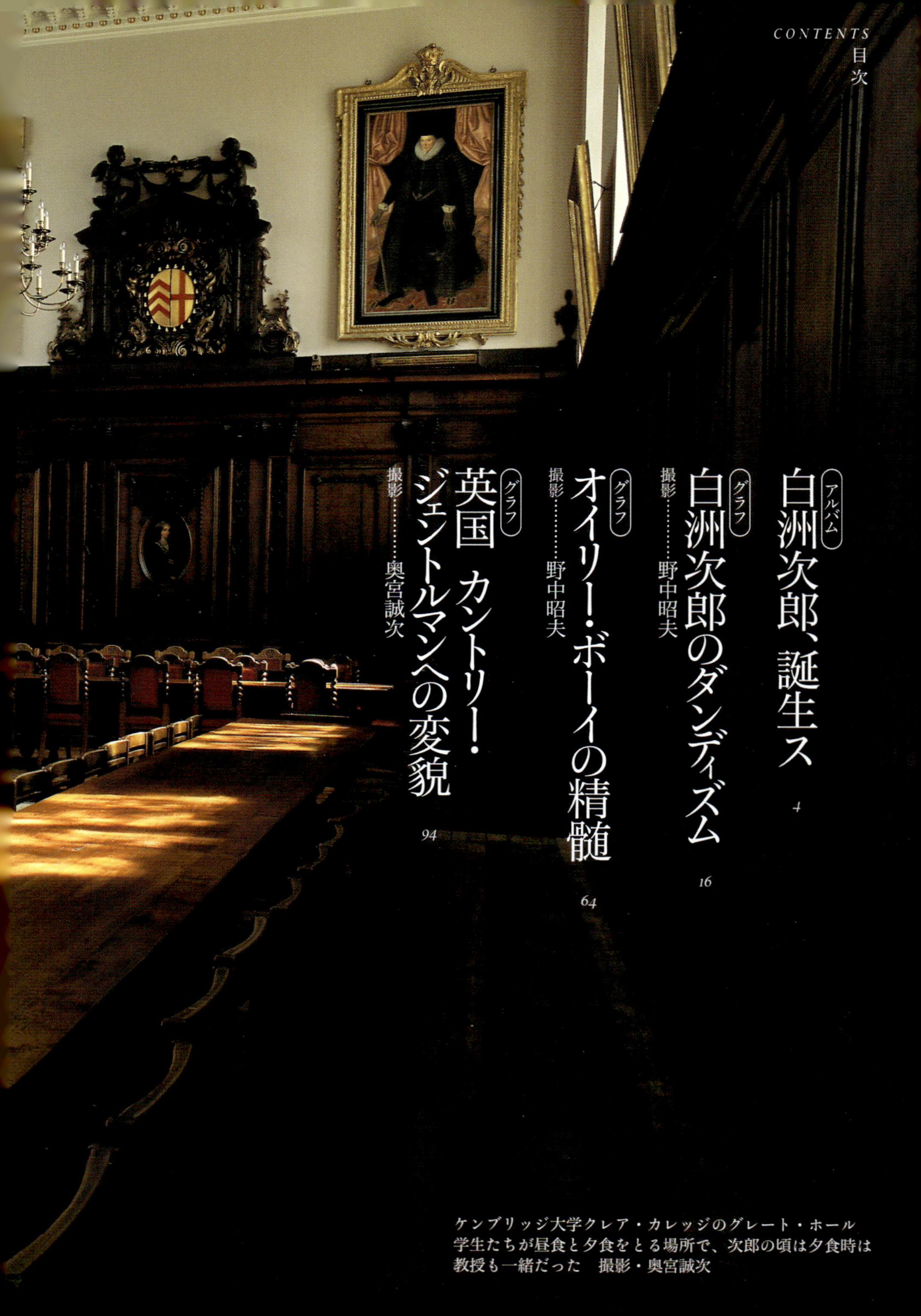

ケンブリッジ大学クレア・カレッジのグレート・ホール
学生たちが昼食と夕食をとる場所で、次郎の頃は夕食時は
教授も一緒だった　撮影・奥宮誠次

アルバム

白洲次郎、誕生ス

白洲次郎　明治35年2月17日生(8月2日写)

[左頁下]次郎3歳(右から3人目)　祖母、母・芳子を囲んで
兄・尚蔵、妹・福子、姉・枝子と　明治38年12月

次郎2歳（右端）　妹・福子誕生の年に
兄・尚蔵、姉・枝子と　明治37年12月26日

次郎1歳（左端）　兄・尚蔵、姉・枝子と
明治36年12月

次郎4歳(右から4人目)　母・芳子らと有馬温泉にて　明治39年8月

次郎5歳(右端)　兄、姉、妹と
明治40年12月15日

次郎3歳(左から3人目)　姉・枝子、妹・福子と
日本海海戦後か(?)

次郎4歳（右端）　兄、姉、妹、愛犬ハラス（5歳）と
明治39年12月26日

次郎7歳（右から2人目）　兄、姉、妹と
明治43年2月13日

次郎10歳（左端）　末妹・三子8ヶ月
愛犬ハラス、兄、姉、妹と芦屋の家の庭で（？）
明治45年2月25日

商業銀行

父・文平は中学生の息子に当時珍しかった自動車、
それもアメリカ車ペイジ・グレンブルックを買い与えた
運転席が次郎

［上］小学生の頃の次郎（前列左端）
［左］次郎の12歳の書初　大正4年

13歳の次郎（右端）　左から兄・尚蔵、妹・福子、
末妹・三子、姉・枝子　大正5年1月4日

神戸一中野球部時代の次郎（前列左端）

17歳の次郎（右から3人目）　アルバムの撮影日は大正9年10月18日だが、
次郎の制服姿からみて神戸一中卒業時か渡英直前のものと思われる
左から姉・枝子、妹・福子、母・芳子、末妹・三子、兄・尚蔵

同級生交歓

白洲次郎

神戸一中という全国的に可成り有名な秀才学校があった。私も何年間かいたのだが私にはあまり楽しい学校ではなかった。私は秀才でもなかったし、こういう学校では厄介者の不良でもあったから。

当時の吉川君は秀才中の秀才で模範生徒第一号であったようだ。色が白くて弱々しく多分に女性的であったように記憶しているが、何十年振りかに会ってみるとたくましささえ身についているように思えて、正直なところ一寸ホットした。

今ちゃんに中途で退校されたのかと聞いたら東京の中学に転校したのだと憤然と否定した。そういわれて見ると、今ちゃんも相当以上の秀才であったような気もする。

中学のあとで両君がどこの学校にいったかは、私が英国に追いやられたおかげで今だに知らない。

同窓生がなつかしいというオセンチは私には持ち合わせがないが、秀才学校の秀才であった両君が、いわゆる秀才の域からぬけ出ていることはよろこばしいと、鈍才の負け惜しみに附け加えておく。

［右頁］右より白洲次郎、今日出海、吉川幸次郎
東北電力株式会社会長室にて　撮影・三堀家義

DANDYISM of Jiro

グラフ 白洲次郎のダンディズム

撮影……野中昭夫

［右］「君こそ究極の理想だ」の言葉をそえて
正子に贈った次郎のポートレイト　昭和3年
［下］昭和4年11月の結婚式で着たモーニングは
テトリー＆バトラー製［右頁］

［左］ヘンリー・プールで仕立てたツイードのジャケット
［上］40歳頃の次郎

［上］新婚当初の次郎と正子　軽井沢の別荘にて
［下］30代前半の次郎

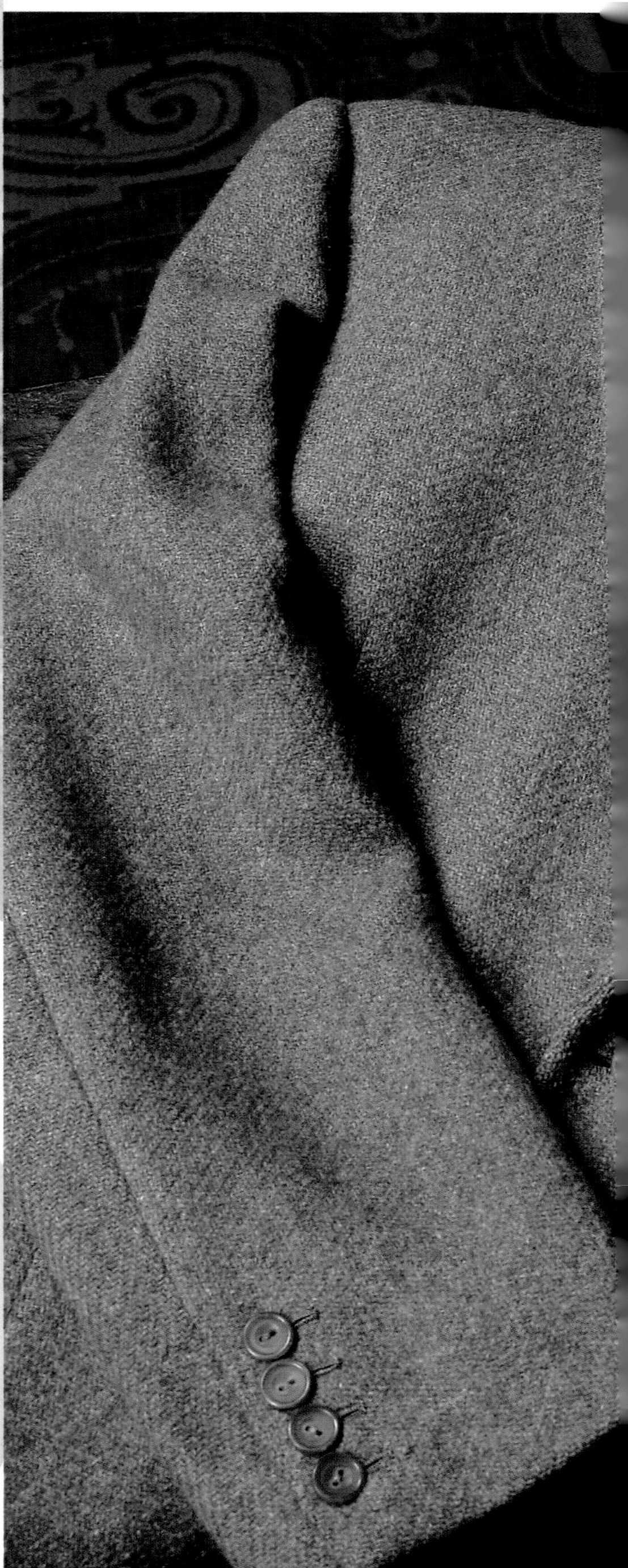

[上]欧州航路の船上での白洲夫妻
（右端二つ目のテーブル）
[左頁下]ヘンリー・ヒース製のシルクハットと
旅行用シルクハット・ケース
「榛名丸　1936年3月6日　横浜」などが
記入されたラベル[左]
帽子はヒルハウス製

次郎が結婚前から愛用していた
アメリカのオシュコシュ製旅行用トランク

[右頁]テトリー&バトラーのニッカー・ボッカーの三揃いと
アイリッシュ・ツイードのハンティング
これを着て次郎は狩猟に出かけたこともあった
右下は愛用の双眼鏡
[左頁]真赤なサスペンダーが眼を射る
ヘンリー・プールのタキシード

[左]ベレー帽姿で船遊び

[上右]次郎好みのベレー帽やハンティング
[上左]ランチア・ラムダとベレー帽姿の次郎　27歳
[左]船上のハンティング姿

［上］三宅一生の特別仕立てによる
　　ミンクの裏地のコート
［右］オーバーコートで決めた次郎　終戦直後

ベンソンの懐中時計(18金製)

カッコよく、甘さもただよう次郎
50歳代半ば

［左］JSのイニシャルの鎖がついた懐中時計
［右］エルメスのクロコダイルのアタッシュケースにも
JSのイニシャルが

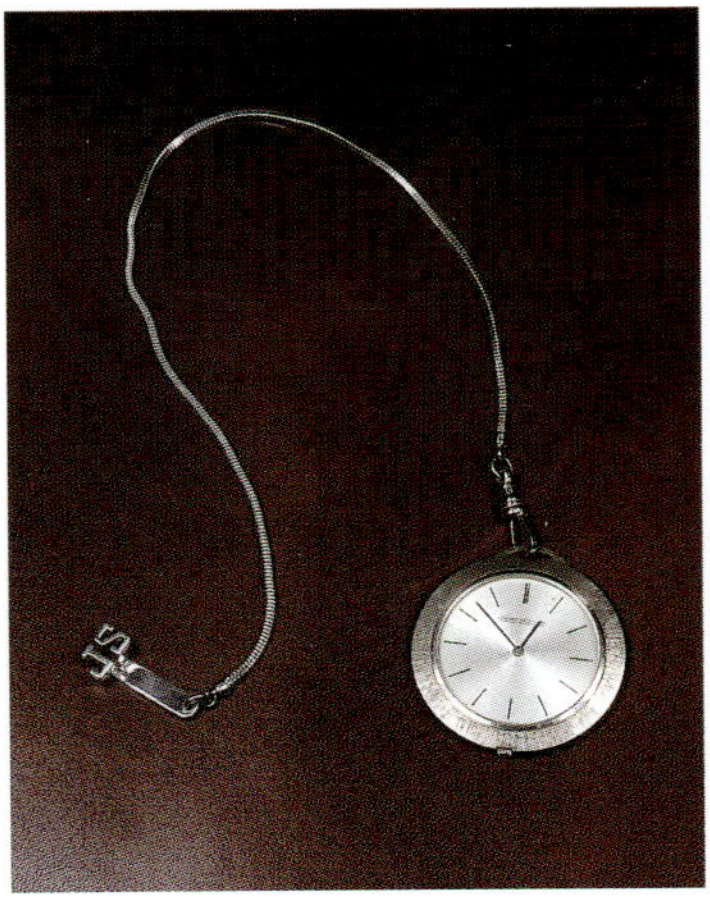

[右]ロレックス・オイスター(18金製)(右)と父親譲りの六角形の腕時計(18金製)
[左]ダンヒルのライターとシガレットケース(共に銀製)

吉田茂首相の特使として欧米を巡った際、ローマでスパゲッティ(?)を楽しむ　1952年

娘からみた白洲次郎

牧山桂子

父は「田舎《カントリー》」に暮らすのが好きでした。それが何に起因していたのかはよくわかりませんが、母は次のようなことを書いております。

〈次郎にはもう一人、ケムブリッジ時代からの親友がいた。ロビンという名前で、ストラッフォード伯爵の称号をもっていたが、映画に出てくるような英国貴族を想像して頂きたくはない。彼は次郎とは正反対の、地味な人柄で、目立つことを極力さけていた。ほんとうの意味でのスノビズムを、次郎はこの人から学んだと思う。いや、すべての英国流の思想の源は、ロビンにあるといっても過言ではない。

（中略）鶴川にひっこんだのも、疎開のためとはいいえ、実は英国式の教養の致すところで、彼らはそういう種類の人間を「カントリー・ジェントルマン」と呼ぶ。よく「田舎紳士」と訳されているが、そうではなく、地方に住んでいて、中央の政治に目を光らせている。遠くから眺めているために、渦中にある政治家には見えないことがよくわかる。そして、いざ鎌倉という時は、中央へ出て行って、彼らの姿勢を正す、――ロビンもそういう種類の貴族の一人で、隠然たる力をたくわえていた。〉（「白洲次郎のこと」『遊鬼』）

私の想像では、彼が生れ育った神戸、又その後暮らす事に成った東京も都会であった事と、彼が青春時代を送ったイギリスでの体験が深くかかわっているのではないかと思います。イギリスでの彼の友人達は、ほとんど都会のロンドンに家やフラットを持ち、ロンドンからある程度離れたところに邸宅をかまえていました。父も彼等にならったせいでしょうか、海辺には興味がなく、と言って山奥の自給自足生活でもなく、東京から自動車でちょいと行ける木の多い農村地帯のような所が好みでした。

私は昭和三十六年、同四十三年の二度父とイギリスに行きましたが、ロビンおじが本来の領地であったノーサンバーランドに所用で出かける数日間を除いて、いつもロンドン市内のテームズ河に面したチェニーウォークにあった彼の家「リンゼイ・ハウス」に泊めてもらっていました。霧がかかったロンドンを描いたと思われる壁画が食堂にあり、ココシュカという画家が描いたものだと教えられたことがありました。後年、ココシュカの画集をみていたら、「ロンドン　チェルシア・リーチ」（1957）という作品に出会いびっくりしました。「チェニーウォークのリンゼイ・ハウスのバルコニーから描かれた……」と解説にあります。河にうかぶ船の数こそちがいましたが、まさにロビンおじの家のバルコニーから私が眺めた風景がそこにあったのです。

父はロンドンに着くと、朝から何やら電話をかけまくりほとんどロビンおじの家で食事をする事はありませんでした。

父は仕事での会食に私を伴う事はありませんでしたが、友人達の招待にはいつも連れていってくれました。平日の夜は彼等のタウンハウスで、昼はホテルやレストランという具合でしたが、土、日は決って田舎にある彼等の家で、たまたま料理人の休みの日にかさなると、どうしてこんな田舎にこんな洒落たレストランがあるのだろうというような所でお昼を食べ、それから彼等の家で寛ぐというのがお定まりのコースでした。どの家も決って幹線道路から少し入った村の近くにある森の中のような所にありました。行く時はロビンおじが自身で運転するロールスロイスで送ってくれましたが、静かな性格で社交嫌いの彼は、「一緒にどうだ」と誘われても決してランチに参加する事はありませんでした。帰りはロンドンに戻る参会者の車に同乗させていただくのが常でした。

印象的だったのは、彼等の田舎の家での服装です。男性は決ってトゥウィードの上衣にグレーフランネルのズボン、またはトゥウィードの上下、フランネルのチェックのシャツにバックスキンの靴を履いていました。上衣は、いつの時代の物だろうというほど古く、衿や肘のところが磨り切れてスエードの皮がはってありました。父に言わせると、その上衣は彼等の祖父や父親達の物で、磨り切れているところが値打ちで、新しい上衣を着ているのは成り上りものの証拠だと、衿も肘も磨り切れていない自分を棚に上げて言っていました。

成り上りと見られるのが嫌なせいでしょうか、イギリス人のある人達は靴を注文する時、配達の店員さんなどに新しい靴を毎日履かせて、さらに靴底だけをはり替えさせた上で靴屋に届けさせたそうです。上衣を毎日着て磨り切れさせる職業があるかどうかは聞きもらしましたが。

父がお気に入りのロンドンの店は、一九三四年に誂えたトゥウィードのスーツが今も残っているテトリー＆バトラー、一九五三年に初めて訪れた記録が顧客名簿に残るヘンリー・プール（一八〇六年創業でその伝統と格式を今もセビル・ローで誇っている）、シャツのハーヴィ＆ハドソン、ソフト帽のロック、柄の中にウイスキーをしのばすことができる傘もあるブリッグなどでしょうか。

女性達も決ってトゥウィードのスーツを着ていました。これも父の言ですが、イギリス人の女はロンドンでは鳥の巣がのっているような素頓狂な帽子を被りどうしようもないが、田舎の家では本当に

オスカー・ココシュカ「ロンドン　チェルシア・リーチ」１９５７

スマートだと言っていました。

　どの家にも犬が何匹かいたのも印象に残りました。犬は一種類だけではなく種類の違う犬達も飼われていました。これは誰の犬と決っているらしく、何げなく御主人の側に寄り添い、食事の間も足許にうずくまり、時折のおこぼれにあずかっていました。大学などに行って留守の子供達の犬はそれを遠まきにしていて、淋しそうに見えました。どうして週末しか帰って来ない御主人達にあんなに懐いているのだろうと、聞いてみても、ただ自分の犬だからという答えが帰ってくるばかりで、何百年も犬と暮らして来た人々の歴史を感じました。

　昼食の後は、その辺を散歩するのがお決りでした。天気の良い日のあまりないイギリスでは必らず雨が降っていましたが、そんな事はお構いなしで、長靴を履き、傘をさして、果樹園、畑、馬舎などを見て歩いたものです。霧雨の中に浮き上る光景は、まるで夢幻の世界でした。家の回りには必らずバラの畑があり、それは男達の古い上衣と同じく、御婦人達にとって淑女の条件のようでした。切ったバラの花を横一列に入れる浅い把手付の籠なども、いつから使っているのだろうと思えるほど良い味のついたもので、成り上りではないという彼女等の無意識の証しであったのでしょう。彼等は引退するとロンドンは引き払い、田舎で日々を送ることになるようです。

　ある時、既に引退していたかつての父のガールフレンドと昼食をする事になり、あるロンドンのホテルのロビーで父と待っているところに、彼女が登場した時の光景は今でもはっきり目に焼きついています。車で二時間もかかる田舎から来てくれた彼女は、００7と同じアストンマーティンで号音と共にホテルの玄関に乗りつけたのでした。恭しくボーイがドアを開けると、ぬかるんだ道を走ってきたに違いない泥だらけの車の中から、みごとにドレスアップした彼女があらわれ、それはまるで、舞台の一場面そのままでした。

戦争が始まり鶴川に引越して、田舎暮らしははじめたものの、肝心のタウンハウスは実家の白洲商店が破産して、それまでの経済的基盤を失ってしまった父には、しばらくの間手に入れる事が出来ませんでした。昭和三十二年、永年の間の夢であったタウンハウスを赤坂にもつ事が出来た時は、これで両方揃ったという満足が見てとれました。その頃に作った便箋の欧文のレターヘッドには、COUNTRY, SUMMERとあり、最後にTOWNの住所が示されてあります。

ところで母から聞いた話ですが、いよいよ戦局が悪化し、アメリカ軍の本土上陸が巷の噂にのぼる頃になると、隣組単位の竹槍訓練が実施され父もそれに参加していたそうです。アメリカ軍の軍備に竹槍で立ち向かうなど無謀な話ですが、何とかしなければというのが当時の日本人の気持ちだったのでしょう。

竹槍訓練に参加した父は、隣組の組長さんに「この者は鬼畜米英の学校を卒業したにもかかわらず竹槍訓練に参加して感心である」と皆の前で誉められ、苦笑いしていたそうです。また当時の軍部の耳に入ったらただでは済まされなかったろうと思いますが、時折母に「あいつら相手に戦争したって、かないっこねー」とも言っていたそうです。

敗戦後、鶴川に比較的近い厚木や相模原などに進駐軍の基地が出来始め、鶴川周辺でもチラホラとアメリカ軍の兵士達が見受けられるようになったある日、ハンドルを切り損なった若いアメリカ兵が田圃につっ込んでしまった。途方に暮れている彼に遭遇した父が事情を聞こうとしたら、あれ程不自由のなかった英語が戦争中喋る機会のなかったためか、咄嗟には口をついて出て来ず、地団駄を踏んでは口惜しがったことがあったそうです。

鶴川での父は暇を見ては農業を楽しんでいました。「みんな笑って本気に誰もとってくれないが、私は自分も農民の一人だと思っている。私がいわゆる兼業農家であることは政府も認めている。農地法では私も『将来農業に精進する見込みある者』という折紙もいただいている。」(『聴け！　素人百姓の声』『プリンシプルのない日本』)などと自分で書いたりしておりますが、どうみてもまったくの農業の素人で、当時忙しかった父は近所の農家のキーちゃんという青年の力に頼る部分が大きかったのです。最近子供の時の近所の遊び友達に聞いたところによると、父は不器用で農作業は下手だったそうです。自分でも気が付いていたのではないかと思うのですが、農業が好きだという気持ちが、不器用を覆い隠していたようです。それに当時は農業を好きとか楽しむとい

［左］次郎愛用のつなぎの作業服
［下］外国製の耕耘機や芝刈り機
をいち早く手に入れてきた
巨大な長靴もご自慢だった

う以前に食糧難という言葉があった時代のこと、食料の確保が目的だったと思います。畑や田は武相荘の長屋門にいたる道の左手下あたりにありました。

戦後は生来の機械好きのせいか、今では当り前になりましたが、当時は珍しかった畑や田圃を耕す耕耘機や脱穀機、草刈り機などを次々と購入しては悦に入っていました。また米や野菜のおいしいといわれる地方の種や籾なども積極的に調べては取り寄せていました。

服装はといえば、アメリカ軍の機械を整備する人達の着るカーキ色のつなぎをどこからともなく手に入れて来て着ていました。日本人にしては大きな足だった父に合う地下足袋がなく、しょうがないから長靴を履いて農業をやるのだと言っていましたが、後日思いあたった所によると、どうもカーキ色のつなぎに地下足袋では彼の服装感覚に合わなかったようです。

父が何処からか、大きく曲がった柄の部分に更に把手の付いた大鎌を手に入れてきたこともありました。小さな鎌を持った近所の人達に交ざって、それを使ってカーキ色のつなぎを着た大男が草刈りをする姿は、日本の農村にトルストイの小説の主人公が一人まぎれ込んだような光景でした。

畑仕事をする父やキーちゃんの後をついて回るのは、子供の私には楽しい事でした。じゃがいもの種いもを切って灰をつけたり、野菜の種を蒔いたり、麦踏みをしたり、やる事には事欠きません。もっとも大人達には、本人だけは一人前に働いているつもりの女の子は困った存在だったようです。長靴が短いから田植え中の田圃に入ってはいけないという父やキーちゃんの目を幾度となく盗んでは、大人達の懸念通りに泥が入り込んだ長靴に足を取られて、整然と並んだ苗の上に

[右頁]昭和20年代前半の武相荘の空撮写真
下方に畑がみえる　進駐軍航空部撮影
[左]ゴム長で鎌を持ち草を刈る
軽井沢で

頭からひっくり返り、全身泥だらけ蛭だらけの私を父が頭からホースで水をかけて洗い流してくれる事もしばしばでした。

ある日のこと、前日じゃがいもを植えた畑に先に出ていた父とキーちゃんを追いかけて行って見ると、私の顔を見るなり走り寄った父は向こうに面白そうなものがあるから見に行こうとか、帰って英語のスーパーマンの漫画を読んでやるとか色々と私の興味を他に引くような事を不器用に並べたて、何とかその場を立ち去らせようとします。雰囲気で私がいてはいけないのだと子供心に察し、黙って家に帰りかけましたが、何か秘密の匂いを嗅ぎつけて、そっと林の中から戻りました。彼等は前日私が植え、目印棒をたて赤い紐で四隅を囲って「桂子」という名札をぶら下げてあった部分の種いもを掘り返し植え直していました。私の植え方では駄目だったようです。植え直しているのを見たら私ががっかりすると思い、彼等は突然の私の登場に狼狽したらしいのです。その光景を見た私はがっかりするより先に、その時初めて人間のやさしさを現実に見たような気がしました。

麦踏みも私の好きな仕事の一つで、大人達と同じように後手に手を組み、顔を出した芽の上を踏んでいきましたが、多分体重の軽い子供ではあまり役に立たず、後日誰かが私の留守を狙って踏み直していたのではないでしょうか。

　じゃがいもの収穫日、私は意気揚々と赤い木の柄のついた小さなシャベルを振り翳し、雨風に打たれ色褪せてしまった赤い紐と名札のぶらさがった自分の領地に向かいました。土の中には大小とり混ぜたじゃがいもがたくさん実っていました。大人達はよく出来たと誉めてくれましたが、私は植え直してくれなかったらこんなには出来なかっただろうと、大人達とは別なかたちで秘密を分かち合っている気がしました。父は布で作った袋に「桂子」と書き、私の畑の収穫分を別に入れるようにしてくれました。小さなじゃがいもはその場で洗い、これまた畑で収穫されたごまを絞った油で揚げ、塩を振り掛けて食べたものです。私は自分のじゃがいもを何個か袋から取り出し別に洗って揚油の中に入れると、油の中で刻々と位置の変わる自分のじゃがいもを見失わないように必死で目を凝らすのでした。

それからしばらくはじゃがいも料理の度に、私は食事を作ってくれる人に私の分は私のじゃがいもの袋から出して私の皿につけてくれるように頼んでいました。私が確認する度に間違いないという返答が返って来ましたが、自分で食事を作るようになると、そんな事は出来る筈もなく、種いもを植え直してくれたのと同じ人間のやさしさだったと思います。

　当時、父はノルマンディー大作戦で使われたようなアメリカ製ジープを持っており、稲の収穫や雑木林から切り出した薪を運ぶのに使っていましたが、積載量が足りないと見てとると、ジープの後に

[左頁]さまざまな工具がしまわれた引出し
[右頁]農具などいろいろ

つなぐ小さなトレーラーをどこからともなく調達してきました。稲や薪を満載したトレーラーの最上部に乗せてもらい我が家に向かうのは、これまた自分がトルストイの小説の中やミレーの落穂拾いの絵の中に入り込んだような満足感にあふれたものでした。

　昭和三十年代までは静かだった農村にも、段々宅地造成の波が押し寄せて来ました。鶴川団地造成の為に、まず父の田圃が収用されてしまいました。次に、我が家からバイクで帰途についたキーちゃんがトラックに撥ねられました。幸い命には別条はありませんでしたが、長い間療養する事になってしまいました。もともとの腰痛に加え、農業の両腕にも等しい片腕を捥がれた父は蠟燭が消えるように農業から遠ざかって行きました。

　鶴川では農業とともに没頭したことがもう一つありました。それは木や竹で色々な物を作ることで、作る過程を楽しんでいるように見受けられました。私の父方の祖父文平は普請気違いで、家を新築し引越すともう次の家の建築を始めるような人だったと伝わっています。家族にとっては大変な負担だった事でしょう。父の子供の頃は、家に松という大工さんが文平の建築欲を満たす為に住み込みでいたそうです。父も彼の本名や風貌などは記憶にない様子でしたが、子供好きの人物だったらしく、父に鋸、鑿、鉋など大工道具の使い方や刃物の磨き方などを、彼の後を毎日付いて廻る子供の父に教えてくれたそうです。私にも刃物の研ぎ方を教えてくれようとしたのですが、父にやらせた方が面倒でなかったので教わらなかったのを、父の死後、包丁はいつもよく切れるものと思っていた私は後悔しました。

　父の物を作る腕前はというと、本人が思っているほどではなかったようです。ある時、友人の為に三本足の椅子を作り、意気揚々と出来上がった椅子を届けたことがありました。ほんのしばらくして椅子を再び持ち帰って来た父は、物も言わず庭にほうり出し、薪割りの大鉈で木っ端みじんに壊して燃やしてしまいました。唖然とする我々を尻目に、無言で自分の部屋に入って行ってしまいました。家中でその友人に椅子を貶されたのかとか、他の事で喧嘩をしたのだろうかとか理由をあれこれ考えるのですが、埒があきません。思いあまって母がそのお宅に電話をかけると、話し始めた直後母の大爆笑が聞えました。母が笑いながら言うには、三本足の椅子を持って現れた父は、ご挨拶もそこそこに玄関にくだんの椅子を据え、得意顔でまず自分が座って見せたその途端、大音響と共にひっくり返ってしまったそうです。そのお家の方々の大爆笑を背後に受け、脱兎のごとく逃げ去ったそうです。

　マッカーサー元帥が帰国する際にプレゼントした椅子はこの時の三本足椅子で懲りたらしく、地元で親しくしていた大工さんにお願いしたようです。

　しかし、調理用のへら、サラダのサーバー、靴べら、お正月のお重に入れる青竹の黒豆を入れる容器などは上手に作り便利をいたしました。ありがとうと言うと、子供のような得意そうな笑みを浮べ、次はどんな物を作って欲しいか、返事をするまでじっと待っているのでした。

下諏訪に、「みなとや」という旅館があります。御夫婦二人だけでやっている小さな温泉旅館です。父はそちらの温泉が好きで度々行っておりました。みなとやさんのご主人が、我が家にみえた時に、玄関にあった次郎制作の靴べらを誉めて下さったらしく、直ちに何本かを下諏訪にお送りしました。しばらくしてみなとやさんから、永六輔さんが見えて父の靴べらを大変誉めて下さったという連絡がありました。父はにんまりと笑い、直ちに靴べらの制作にかかり、一面識もない永さんにお送りしてしまいました。その後ご丁寧なお礼のお手紙を頂き、恋人からの手紙のように何度も読み返しておりました。

工事の完成日をしるした文字が
武相荘のそこここにみられる

先日私がみなとやさんに泊まりに行くと、玄関には靴べらがありません。ご主人に伺うと、永さんに「なくなってしまうのでしまっておいた方がいい」と言われて、しまわれたそうです。何か面映い気がしましたが、父が大好きだった京都のお女将さん「とし ちゃん」のお茶屋「松八重」のために書いた表札が盗まれたと新聞記事になったこともありました。

父はまた工事をすることも好きでした。武相荘や軽井沢で色々な工事が行われる度に、時間の許す限り父も参加していました。石積みやコンクリートの工事が終ると、乾いて固まる前に完成時の日付けを彫り込んで後日の楽しみとしていました。今でも武相荘のそこかしこに年月を経て薄くなりながらも残っているのに気付かれた方もいらっしゃるのではないでしょうか。

そういえば、あり合わせの板で作ったテーブルや家具にも、作った年代や持ち

[上右]パン入れ　まな板にもなる蓋には制作年が刻まれている
[上左]移動に便利なキャスターを付けるのが好みだった
[下右]持主がわかるように「桂」の一字が入ったテーブル
[下左]竹製の靴べらはヒット作品

［上右］正子夫人の書を次郎が刻んだもの
［上左］かわいらしい郵便箱も次郎製
［下］竹製のサーバースプーンからマドラーまでいろいろ

［上］正子夫人用に作られた靴箱には英文メッセージが……
"I never liked SHOES&BOOTS in the Dining Room. Therefore this cabinet. Nov. 1979. J.S."
［左］ブラシ入れの底裏にも"Hope〜"と

主の名前などの文字を入れていました。武相荘に展示されているのにも、そのことは見てとれます。また、母に頼まれて作った物には、日頃のうっぷんを晴らすような文字が書き込まれているのを私は度々眼にしているのですが、母は終生気が付く事はありませんでした。

鶴川での日々を、父とのかかわりでもう少しお話しておきたいと思います。

かつて鶴川の家には、幅一間程の大きな暖炉がありました。現在の武相荘の土間に入った右手手前のガラス窓があるあたりです。色々な形の石を積み上げてあり、火を付ける為のマッチを入れるへこみまでついていました。父は夕方になると、暖炉の前の籐椅子に陣取り、お酒のグラスを片手にじっと燃えている火を見つめながら、時々、薪がたえないようにしているのが常でした。

私は父の足元に座り、いくつかの小さな動物のおもちゃたちと、暖炉のマッチ入れを洞窟に見立て遊ぶのが好きでした。

どんな動物達だったか全ては記憶にないのですが、一番のお気に入りは、ビクターの犬でした。座っている三センチ程の犬で、洞窟の中の物語りではいつも主人公でした。ある夕方、何かのはずみで石と石との間にするりとその犬が入り込んでしまいました。父に出してくれと頼みますと、先の尖った棒でほじり始めましたが、犬は奥へ奥へと入っていき、最後には見えなくなってしまいました。泣き喚く私、困り果てる父。とうとう私は、暖炉を壊して犬を取り出してくれと要求し始めました。ほとほと手を焼いた父は、色々と子供がのりそうな交換条件を出しますが、頑として私は妥協しません。毎日毎日父の後を追い回し、暖炉を壊せと要求し続けました。

ある朝目を覚ますと、枕元に白い縫いぐるみの犬が置いてありました。白さと耳が垂れているという以外なんの共通点もありませんでしたが、暖炉の隙間に消えていった犬の替りだという事はすぐに解りました。私はその縫いぐるみに「あきちゃん」と名前をつけて遊んでいるうちに、かつてのお気に入りの犬の事は忘れてしまいました。洞窟遊びは終り、父が作ってくれた小さな椅子にあきちゃんを座らせ、二人で話す遊びに変りました。

時々の来客も、その暖炉の前にお招きして座って頂くのが常でした。鶴川に別邸のあった細川護立氏（父と母は殿様とお呼びしていました）が暖炉の前でしばし父とお話をして帰られた直後、暖炉の上の方の真中にはめ込まれた石を指さし、「この石を見てごらん。そら豆みたいで殿様にそっくりだ」と父は言いました。成程その石は殿様の顔の形そっくりで、一つだけ艶やかに光っています。やっぱり殿様の石は違うなあと妙に納得し、チョークでその石に一生懸命殿様に似せた顔を書き、毛糸で髪の毛をあしらう遊びにかなりの期間没頭しました。何故か父に見つかったら叱られると、父の留守を狙ってやっていたのを覚えています。殿様が見える度に、お顔の造りや髪の毛の具合などを、次回の石の顔作りの為に、秘かに盗み見て頭の中に焼きつけました。本当は凝視したかったのですが、人の顔をじっと見る事は固く禁じられていたので、なかなか難しい作業でした。

細川家には、本名は忘れてしまいましたが「将軍」と呼ばれている執事のような方がいて、よく父と暖炉の前で将棋を指していました。こわい顔をしていましたが大変やさしい人で、私は将軍の石はないかと探しましたが、ありませんでした。

それからしばらくの間は、親しい人の顔を、暖炉の石から探す事に熱中しましたが、残念ながら光り輝く殿様の石以外ありませんでした。

十数年後、再三の母の勧告にも従わず、一度も煙突掃除をしなかった父に天罰が下りました。ある夜、煙突の中にこびりついた煤に火がつき、空中に火の粉となって吹き出し、藁葺き屋根の上に散ったのです。幸い大事には至りませんでしたが、妻の勝ち誇った顔に我慢出来なかった父は暖炉を撤去する事にしてしまいました。その話を聞いて私は突然十数年前の〝犬〟のことを思い出し、撤去を見守り、残骸を丹念に探索しましたが発見出来ませんでした。今でも不思議でなりません。殿様の石も回りのコンクリートが取り除かれた後は、ただの漬け物石のように成ってしまいました。

　父の〝たき火〟好きは、それでもやまず、庭の隅に焼却炉を据え、家中の紙屑を燃やすのを日課としていました。ある時は請求書の封筒に自分でお金を入れたものを、ゴミと一緒に焼却炉につっこんだまま、出かけてしまい、たまたま次のゴミを焼却炉に入れに来た長坂さん（ずっと我が家に居てくれた貴重な人です）が発見し、また妻の勝ち誇った顔の非難を聞く羽目になりました。

　ある日、水上勉氏より火を燃やすのが好きな男は助平だという話を聞いて来た母が、例の勝ち誇った顔で「次郎さん、あんたは助平よ」と言うと、父はやったとばかりに報復の矢を放ちました。「助平じゃない男など世の中に居るものか」この勝負は父に軍配があがりました。

　父は亡くなる数年前、大きな古い鞄を持ち出し、大好きな焼却炉の前に陣取り、鞄から次々に書類のような紙を出しては燃やし始めました。何を燃やしているのか尋ねると、「こういうものは、墓場に持って行くもんなのさ」と言い、煙突から立ち昇る煙をじっと見上げて何かを想っているようでした。

　父は、運転を覚えるのは早い方がよいと、私が中学生の頃から、当時父が乗っていた三菱ジープの運転席の背に、ブレーキやアクセルに足のとどかない私の為にクッションを置き、一生懸命運転を教えてくれました。

　もしかしたら、これが、私が父の口煩さに出会った最初かもしれません。だいたいそんな早くから運転を教えようとしたのには、わけがありました。

　父は結婚のお祝いに祖父からランチア・ラムダのオープンカーを買ってもらい、その車で東京まで帰ってくるのが新

婚旅行となりました。現代と違い高速道路もない時代でしたので何日も掛ったのですが、鈴鹿峠では深い霧の為一寸先も見えず、運転の出来ない母が路肩を確認しながら何時間も歩いて峠越をしたそうです。母は、運転できたら、あんなつらい思いをしなかったに違いないと思いつき、父に運転を習う事になりました。母の実家があった大磯でお稽古を始めたの

［上］結婚のお祝いに父親から贈られた
ランチア・ラムダを運転する次郎
［右頁］武相荘にかつてあった大きな暖炉
正子夫人の足あたりがマッチ入れ

はよいのですが、父のあまりの口煩さに三十分もたたないうちに堪忍袋の緒が切れて、峠を歩いて降りた苦労はどこかへ吹きとび、車を飛び降り「運転なんて出来なくたって、いつか生まれて来る子供に乗せてもらうからいい！」と啖呵を切り、二度と運転をすることはありませんでした。それが限りなく繰り返す事になる夫婦喧嘩の前哨戦だったそうです。武相荘の庭のはずれに鈴鹿峠の石標がおいてあるのをみると、なぜ、こんなところにこれがおいてあるのか本当の理由はわかりませんが、ついこのことを思い出してしまいます。

話をもとに戻すと、教える相手が娘でも何年間かの間に父の性格が変った訳でもなく、最初は忍耐の力がはたらいていたらしいのですが、何回かのレッスンの後に母に対したと同じ口煩さが頭をもたげ、私も母と同じ態度をとる結末となりました。しかたなく父は運転の先生を下の兄に譲り、私は無事に十六歳で運転免許を手に入れる事が出来ました。

初めて私の運転する車の助手席に陣取った母は、自分に誓った夫への復讐を遂げた満足に酔いしれ、それ以後、助手席に乗る度に、「ざまあ見ろ、次郎さん」と繰り返し絶叫するのが常でした。

父の口煩さといえば、次のようなこともありました。両親に早くからゴルフを楽しむことをすすめられ、徐々にゴルフが面白くなった頃です。早くから世間から身を引いた父は毎夏、軽井沢のゴルフクラブでプレイヤーの方達にがみがみ文句を言うのを生き甲斐としておりました。一方、メンバーの方達のなかには、ゴルフ場の不備や不満を直接父ではなく私に、「お前のオヤジにこう言っとけ」と仰言る方がありました。その上普段父がガミガミ文句を言うような事を私がやってしまったら、父の顔は丸つぶれというものです。なんだか鬱陶しくなって、ゴルフをやめてしまいました。

私の小さい頃は、長屋門を入ったところに現在も大きく枝をはっている柿の木に、普段は私のブランコがぶら下がっていました。ところが年の暮れになるとブランコは外され、その下に大勢の人が集まり、餅つきが行われていました。縁側には大きな酒樽が置かれていました。蒸籠からもうもうと上る湯気と共にもち米が蒸し上ると臼に移され、餅つきが始まります。私もつき立てのからみ餅やあんこをまぶした餅が楽しみで、皿と箸を手に見守ります。樽のお酒を漏斗で一升ビンに移す作業に従事していた（作業しながら自身でかなりの量は飲んでしまう）父が、何を思ったか、杵を持ち餅をつき始めたのです。二、三度の景気のよい音の後、突然異音が響きわたりました。父が杵を餅の上ではなく、臼のふちに力まかせに振り降したのです。杵が折れなかったのが不思議です。父は皆の手前「これが本当の餅は餅屋だ」と呟き、もとの酒の入れかえ作業に戻って行きました。その時には母の勝ち誇った顔を見る事は出来ませんでしたので、それは家族の中だけの事だと子供心に妙に納得しました。その餅つきも私が中学生になる頃、冬休みにはスキーに行く事が慣例となり自然消滅してしまいました。

毎年冬休みのスキー行ですが、父はたくさんの食料や飲み物をランド・ローバーに積み込み、子供達と共に志賀高原の木戸池に向けて出発します。木戸池には、昭和十七年に父が当時勤めていた会社を辞めるに際し、退職金の一部として貰った山荘があり、スキー小屋としておりました。

途中、場所は覚えてないのですが、線路と道路が長い距離伴走している所があり、ある年たまたま丁度来た汽車と一緒になりました。汽車の方が早く、みるみる父の運転するランド・ローバーと距離がひらいていきます。突然父はアクセルを踏み込み汽車の後を追い、追いつきました。機関士さんは追いついて来た父の車を見て、明らかに父の挑戦の気持ちをみてとったようでした。道路と線路が分れる所までそのレースは続き、父が勝利を収め、最後に満足そうに機関士さんと手を振り合っていました。規定の速度で走らなければならない機関士さんは、さぞ口惜しい思いをされた事でしょう。

次の年にも同じ場所にさしかかった時、また競争をやれと父に要求し、現在程汽車が何分おきかに走る訳もなく、父を困らせたものです。もう時効ですが、明らかなスピード違反でしょう。

木戸池へはランド・ローバーでも冬は行かれません。八時間ほどの長旅の後、上林温泉に一泊し、翌日の行脚に備えるのが慣例でした。旅館の炬燵を真中に、放射状に布団がひかれて寝るのが楽しみでした。当時は雪が少なくとも沓打《くつうち》の茶屋までしかバスが行きません。少し雪が降れば上林から徒歩で登るか、運良く通りかかったトラックに沓打の茶屋まで乗せてもらうしかありません。

沓打の茶屋から木戸池までは、遠い道のりでした。近道は幕岩《まくいわ》という山状の岩の途中についている細い道で、下は断崖絶壁です。下を見るなと言われて、スキーを履いてそろそろ歩くのは恐怖でした。本当に危険なところは、父が私の下を歩いてくれました。帰る時は上林温泉までスキーで滑り降りるのですが、いたるところ林道のような細い道で凍っています。スキーをひらいても制動などかかる訳なく、ただただ泣きながらスピードが出るにまかせて下るより手がありませんでした。

ある冬、父はいつもは上林温泉に置いていっていたランド・ローバーにチェーンを装塡して丸池まで登ろうと試みました。運悪く大雪になり丸池まであと少しの所でにっちもさっちもいかなくなりました。丸池まで助けを求めに行った父がどう手配したのか、当時まだ米軍に接収されていた丸池ホテルまでランド・ローバーは何かに引っ張られて到着しました。

丸池のゲレンデも米軍用と日本人用に分れており、米軍用はきれいに整備され、長いリフトまでありました。我らが日本人用は、ブッシュだらけで凸凹で、敗戦国の悲哀がゲレンデに漂っていました。

丸池のホテルの中は、当時のスキー宿とまったく異なる光景が広がっていました。暖炉には赤々と火がたかれ、食堂には白いテーブルクロスに銀の食器やワイングラスが並べられていました。その食堂で何故か時々父に連れられて食事をする事が出来ました。行く度に何人かのアメリカ人と父は挨拶を交していました。時々は彼等も我が家に遊びに来ていました。今でしたら、立場を利用して日本人立入禁止のホテルで食事などけしからんと、野党の議員さんに追及されたことでしょう。これも時効です。

父は木戸池のスキー小屋に「ヒュッテ・ヤレン」と名前をつけ悦に入っておりました。ヤレンはJARENとスイス風ドイツ語のつもりで日本語の「やれん」とかけていました。武相荘と同じ発想です。

リフトなどあまりないスキー場では、スキーをするといったら、山の頂上まで三十分も歩いて上り、下りは一分といった具合で一日に三回も滑れば疲労困憊でした。当然私はあまりスキーには熱心で

蔵王の山荘の現況　撮影・牧山圭男

はなく、目の前の木戸池で朝から晩までワカサギ釣りに毎日熱中していました。一日釣っても五六ぴきでしたが、大事に持って帰ると父がフライパンで焼いてくれました。

あの日々に毎日スキーをしていたら、今頃は大した腕前だったと思います。父は、スキーに行ってもがつがつ滑るもんじゃない、ゆっくりすればよいのさ、と毎日雪にウイスキーをかけておさじで食べたり、昼寝をしたり、本を読んだり、マージャンをしたり、ゴロゴロしていました。そういえば、ここでも工事好きを発揮し、汲取り式の便所が大嫌いな父は、木戸池に流れ込むような水洗式の便所をつくっておりました。これも時効でしょうか。

ある年突然、父は来年から蔵王に引越そうと言い出し、翌シーズンには蔵王に山荘が建っていました。

蔵王のスキー場はリフトやケーブルカーなどがあって、スキーをするには最適の場でしたが、父と私は相変らずあまりスキーはしませんでした。スキー場の下の方には温泉街があり、八百屋や肉屋などで生活に必要な品々を揃える事が出来ました。もう東京から食料を運んで来なくてもよくなりました。それに伴って車でスキーに出かける事もなくなりました。毎日ソリに乗って（行きは下りです）温泉街まで二人で食料の買い出しに出掛けます。帰りはソリに買い物を乗せ引いて上るのですが、ジャンケンで負けた方がソリを引き、勝った方がソリに買い物と一緒に乗れるのです。私がジャンケンに勝った時はよいのですが、父が勝った時はソリに父と荷物を乗せるといくら引いてもビクともせず、いつしかジャンケンは消滅してしまいました。

最初に使っていたソリは父が戦前に外国で買って来たボブスレー用で、氷の上で使う為に滑るところが細く、荷物を積むと雪の中に沈んでしまいます。父は得意の大工仕事で古いスキーを利用して買い物用のソリを作りました。

お店の人々は皆親切でしたが、東北のひとらしくあまり口を開かず、東北独特の言葉で話すので父には一言も理解出来ず、またあちらも巨大な老人の話す言葉が理解出来ず、常に私が通訳に間に入る有様でした。父にとっては言葉の理解出来ない外国にいるような気持ちだったのでしょう。いつしか買い物は私だけの役目になってしまいました。

温泉街の更に下のほうに馬の湯治場があり、いつも何頭かの馬や飼い主に付い

［左］若い頃はスイスでも正子夫人とスキーを楽しんだ次郎のスキー姿　蔵王で（上も）
［上］スキー大会で選手たちを激励する

て来たらしい犬達が気持ち良さそうに目を細めて温泉を楽しんでいました。その様子を時間の経つのも忘れて眺めていたものです。馬の飼い主達は一様に温泉の縁に腰を降ろし、七輪を前に漬物やおいしそうなおつまみで、お酒を飲んでいました。時折父は温泉街で調達した一升瓶をぶらさげて彼等の仲間入りをしていましたが、会話が成り立っていたのかどうかは今も謎です。

そんなある年、ヒュッテ・ヤレンに泥棒が入り、スキーや靴など一切合切盗まれる事件がおきました。直情型の父は途端に嫌気がさし、家を処分しスキーをやめてしまい、同時に私のスキー・ライフにも幕が降りました。

私の息子が二歳になった頃から数年間、私はスキーにカムバックしましたが、ヒュッテ・ヤレンの生活とはまったく違い、ホテルを出ればすぐゲレンデ、食事はテーブルに座れば出て来ます。スキーに行ってもスキーをしなかった私は上手に滑れる筈もなく、スキー以外やる事がないスキー場はつまらない所でした。それまでなんとも思っていなかったヒュッテ・ヤレンの生活が懐しく、またそういう体験を我が子にさせてやれない自分が腑甲斐無く悲しい思いをしました。帰ってから父にそう言うと、見た事もないような満足の表情を浮べました。

　鶴川で父が農作業から遠ざかってしまったことは前述しましたが、生来の「地べた好き」は治まる事はなく、軽井沢での夏の生活にいかんなく発揮される事になりました。今の軽井沢はアウトレット・モールなどもあり一年中観光客が絶える事がない有様ですが、昭和三十年頃の夏前の軽井沢は地元の人だけで、夏の喧騒、嵐の前の静けさが漂っていました。父はそんな軽井沢に出掛けて、家の回りの草刈りや薪の準備、そして花の種をまいたり球根を植えたりと夏の支度に没頭するのでした。一人で行くのは嫌らしく、私に何やかやと御褒美をちらつかせ同行をせがむのでした。せっかちな父は昼間の渋滞を嫌い、早朝の三時か四時頃、車で我が家を出発します。まだ薄暗い中、にんまりと楽しそうな薄笑いを浮べながら赤いドライビング・グローブをはめ、大洋ホエールズ（現在の横浜ベイスターズ）の帽子を被り、ポルシェの運転席に収まり、これから始まる父のスピード欲を満足させる二時間程の旅のスタートを切るのでした。小まめにシフトダウンとシフトアップを繰り返し、軽井沢の手前の最後の難所・碓氷峠は特に腕の見せ所で、モナコのF1レースに出場しているような有様でした。隣に乗っている私は生きた心地もなく座席の端を握り締め、シフトダウンやシフトアップのたびに首をかたくし、軽井沢に着く頃は全身硬直しているような状態でした。

　夏前の軽井沢は夜になるとまだ寒く、夏だけの為に建てられた家ではいくら薪ストーブを焚いても暖かくならず、ホテルに逃げ出す事もしばしばでした。しかし春と夏の境目の軽井沢は、忘れな草、藤、山つつじなどが満開で、夏の盛りとはまったく違う面を見せていて楽しいものでした。

　夏になると毎日、理事長をしていた軽井沢ゴルフ倶楽部に通うのも父の日課でした。私の見るところ、ゴルフをするというよりゴルフコースの修復個所の見回りや、働いている人達との交流が目的のようでした。長靴を履いてコースを見て回り、やれあそこに水が溜まる、バンカーがどうだとか、まるでよく見かける健康診断で悪い所をほじくり出すのが趣味の人と同じような具合でした。

　軽井沢を大きな台風が襲いゴルフコースがめちゃくちゃになってしまった時など、父はここぞ自分の出番だとばかり采配を揮い、母がどこかに有事の時に役に立つ人だと書いていたのが何となく納得出来ました。修復できないのを理由になかなかコースをオープンしない父に会員の方達の非難が集中し、会員の皆様方には御迷惑をおかけしたようですが、あの時程私はゴルフなどやっていなくて良かったと思ったことはなく、これも「地べた好き」のなせる業と思ったものです。

旅の思い出も一つ書かせていただいておきます。

父や母と一緒に旅行に行ったことは、もちろん何度もあります。でも、我が家は個人主義というか、いわゆる家庭的ではないというか、ともかく「みんなで出かけましょう」なんていう旅行じゃない。父も母も私も、それぞれ好きにやる、というのが常でした。

私が十六歳で小型自動車の免許を取得したことは前にふれましたが、そうなると、父は「二人で運転すればいいじゃないか」と言って、えんえんと京都まで、父と私は車で何度も出かけたものです。父が買ってくれたヒルマン、それからオースティン、トヨペットで行ったこともありました。当時は高速道路なんてないですから、箱根の山を越えて、ひたすら東海道を行くわけです。

「二人で運転すればいい」と主張した父は、そんなことはすぐさま忘れて、小田原で鮨だ、三島で鰻だ、岡崎できしめんだ、と昼間からビールを飲み、「朕《ちん》、睡魔に襲わる」と言って後部シートで寝てしまう。結局、ずっと私一人が運転です。一日目は大概、桑名の「船津屋」で一泊して、翌日ようやく京都。たいへんな時間がかかりました。

父と母と三人一緒に車で、ということは、一度もありませんでした。父と母とは、京都の常宿の「佐々木」に泊まっていても、朝食もそれぞれ、行き先もそれぞれ。揃うことなんて、まずない。私が朝起きたらもう誰もいなかった、ということもありました。父もいろいろ用事があるでしょうし、母は母で骨董屋さんへ行っていたのではないでしょうか。

ある時期、年末年始は必ず京都で過ごしていました。八坂神社のおけら参りや比叡山の初日の出を見に出かけたものですが、それも私と父、あるいは私と母という具合で、父と母が一緒、ということはなかったです。私は気分次第で、面白

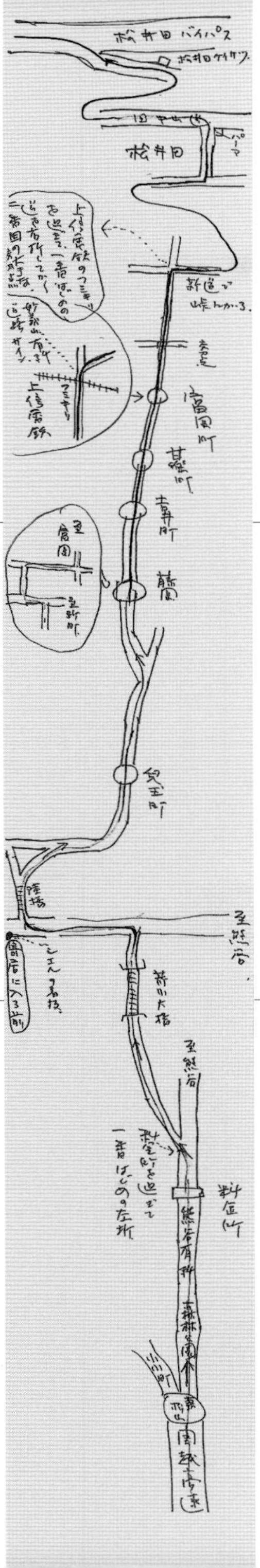

鶴川から軽井沢へ
次郎手製の道路図

軽井沢の別荘

軽井沢の別荘内部
次郎作の竹製スタンドもある
再利用してつくられた
只見川ダム工事現場の小屋を

[上右]別荘外観
[上左]「1956」は建築年
[中右]壁面に飾られた1953年来日のケンブリッジ大学ラグビー部から贈られた記念盾と1954年来日の同大クルーからのミニチュア・オール
[中左]居間の中央柱につけられた孫たちとの背くらべの跡
[下]テラスに坐り庭を眺めるのを好んだ

そうなほうにくっついて行くだけです。

　ただ、なぜか銀閣寺にだけ、三人一緒に出かけたことを憶えています。母は「雪が降るときれいなのよ」と言っていました。それともう一つ、嵯峨へ出かけて、釈迦堂（清凉寺）の前を通りかかった時のこと、突然、母が「ここに私の母（樺山常子）の分骨した墓があるはずだ」と言い出しました。そんなこと、それまで聞いたこともなかったのですが、それでは行ってみようと入っていった。そうしたらまあ、山の草ぼうぼうの中に、ようやく墓を見つけたわけです。そのあまりの惨状に、「どうしてこんなことになってるんだ！」と、父はショックを受けていたみたいですが、当の母はそれほどではなかった様子でした。

　私の知るかぎりでは、父と母が二人で旅行をする姿など、ほとんど見たことがありません。

　ところが、昭和六十年の秋、急に二人で軽井沢に出かけ、帰ってくるや、すぐにまた京都へ行ったのです。父と母は伊賀の陶芸家、福森雅武さんのところで素焼きの湯呑に字を書いたり、嵐山の「吉兆」でご飯を食べたりしたようです。

　「吉兆」では不思議なことがあったそうです。父の幼い頃とてもかわいがってくれた「現長」という鰻屋の女将さんが、じつは「吉兆」の親父さんの実のお母さんであったという話を、その時初めて聞いたというのです。それまでも「吉兆」とは長い付合いだったのに、そんな話は一度もしたことはなかったそうで、深い縁に、父も母も驚いていました。

　そして、京都から二人が元気に鶴川へ帰ってきて二日後、父は急逝してしまいました。

　あの時、父と母は、いったい何で一緒

［右頁］別荘の居間でくつろぐ次郎
１９７５年夏　撮影・赤塚一
［左頁］「プレイ・ファスト」の
豪快なティ・ショット

［左］次郎を慕んで植えられた桜は今年も満開　樹下の石に“In memory of Jiro Shirasu”の銘板

写真提供・軽井沢ゴルフ倶楽部

［右］クラブハウスのベランダからスタートしていくメンバーたちを次郎は見守っていた
テーブル上は次郎筆“PLAY FAST”のTシャツ
［上］「白洲次郎メモリアル杯」の優勝カップ
［左頁］愛用のゴルフ・セット
1番ティ・グラウンド脇で

軽井沢ゴルフ倶楽部

［上］ゴルフとともにテニスも楽しむ
［左頁］正子夫人との最後の関西旅行の折、伊賀・丸柱で地元の陶芸家福森雅武作の湯呑に字を書く　夫人のは「バアバ」　1985年秋

筆者と父・次郎

に旅に出かける気になどなったのだろう。それは私にはわかりませんでしたが、父と母は、おそらくわかっていたのでしょう。

最後に、みなさんが父にもっているイメージを少し裏切る話になるかもしれないことを披露することにいたします。

父は、父親として娘の結婚に漠然とした夢をもっていたことは、かねてより解っていました。それは常日頃の父の言動と違い実に世俗的な夢でしたが、父親として娘の安泰な一生を願うのは当然の事だったでしょう。また、かねてより、誰と結婚するのでも反対してやると豪語していました。

案の定、私が結婚しようと思った相手

は、父の理想とは懸け離れた人でした。父の回りで彼の事をとやかく言う人もいました。何故私が彼を選んだかと言いますと、彼の家庭が我が家とはまったく正反対だったからというのが理由の一つです。父は色々と私に諦めさせようと、彼および彼の置かれている環境について貶すのですが、私が耳をかさないとみると母に泣きつきました。父が母に何を言ったか知りませんが、自分の不満を母と共有したかったのだと思います。

ある日、母は彼と二人で話がしたいと、「こうげい」からも近い当時、新橋にあった小川軒に出掛けて行きました。「何なの？」と聞いてもへらへら笑うばかりで教えてくれません。彼との会談を終えて帰って来た母は、「あれは大丈夫だわ」と一言宣し、父にもそのように伝えたようです。父は私の結婚のリスクを母と分かち合ったことで、しぶしぶ承諾しない訳にはいかなくなりました。

いよいよ彼が父に直接私との結婚の許可を求める日がやって来ました。その日は朝からどんよりとした空の寒い日でした。鶴川の家に集まった父以外の人々は、皆その事を知っており、頃合を見て父と彼を二人にして別室へ引きあげました。父はいつものように暖炉の前に座り、時折薪をくべていました。緊張に顔を強ばらせた彼が私と結婚させて欲しいと父に言いますと、父は自分は子供達の結婚には一切口を出さない、皆好きにさせる主義だと答え、彼の方を見ようともしなかったそうです。私はその場にいた訳ではありませんが、黙々と火を見つめ、薪をくべながら彼の話を聞いている父の、寂しさを漂わせた姿を容易に想像することが出来ました。

結婚が決まってても式までの短い間、父は事あるごとに口を出し私を困らせました。父は虎視眈々と破談のチャンスを狙っていたのですが、その機会はついに訪れず、赤坂のレストランで小さな結婚披露宴を催しました。そこでも嫌になったらいつでも帰ってこいと言って母に大目玉をくらっていました。

主人のきものと福田屋千吉

白洲正子

母の所には、福田屋千吉という呉服屋さんが来ていました。私はその人に、産着から作って貰い、今でも大事にしていますが、去年（一九六〇）八十いくつで亡くなるまで、おもえば長い付き合いでした。

　ずぼらで、酒呑みで、おまけに怠け者でしたが、面白い人物でした。ことに、母が心に描いた夢のようなきものを、受けとめるカンは天才的で、夢はいつも現実となってかえってくるのです。いいコンビだったといえましょう。彼はいつもいっていました。「たとえばごはんを盛るのでも、少しといっても、その少しが人それぞれによって違います。その分量を、はっきり見わけるのが、私達の商売です。お客様は、自分勝手に、注文をなさる。それは口ではいえないが、心の中でははっきり見えていらっしゃる。それを過不足なくとらえるのが、私の役目で、……エへ、、、どうも偉そうなことを申しまして」と彼は言葉をにごしてしまうのでしたが、他人の考えにそう、ということでは、ほんとうに職人気質に徹した人でした。

　そればかりでなく、殆んど芸術家に近い感覚も合わせ持っている人でした。私なんかがいつも困るのは、職人は技術は巧いが、話の通じないことで、両者兼ねもつ人は至って少ないことです。その点、この千吉さんほど、幅の広い人物はなく、また熱心な人も少ない。ある時、こんなことがありました。

　主人のきもの、——といっても、未だにこれ一組しかないのですが、せめて一枚ぐらいはと思い、たのんだことがあります。

　男のきものは、むつかしいので、任せるから作って貰いたいといいますと、「旦那様に会わせて下さい」という。呉服屋さんなどに縁が遠い方なので、未だ顔を見たこともなかったのです。で、会って

［左頁］裏地に虎皮模様が描かれた結城紬の羽織

浴衣の珍しい姿　将棋は指すというよりうつタイプだった

貫いますと、ポンと手を叩いて、よくわかりました。やわらかい物はダメだな、とか何とかブツブツひとり言をいっていましたが、そこは怠け者のこと、一年ぐらい経ってようやくできあがって来ました。

　専門的なことはよくわかりませんでしたが、結城のそろいで、袴もつむぎ風のごつごつしたもの、それを全部しぶにつけたとか、羽織ときもの、袴と帯といったように、布地により少しずつ濃淡があって、いかにも文字どおりしぶいきもので気に入りました。

　ところが、羽織だけが仕立ててない。「それでは着られないじゃないの」というと、実はきものは思いどおりにいったが、羽織の裏が思いつかない。表がしぶいから、裏はパッとはでにいきたいが、「もう少々お待ち下さい」という。また一年たちました。

　と、ある晩遅く、電話がかかって来て、いきなり「旦那様、何のお年です?」と聞く。「虎ですよ」と答えると、「ああ、蛇だとよかったんですがね、とぐろを巻いた、いい奴がある。でも虎でも構わない。やってみましょう」

　判じものめいたことをいったと思うと、電話を切ってしまいました。すると再び、忘れた頃になって、上機嫌な顔で現われたのです。

　黒に近い羽織の、裏をぱっと広げると、見事な虎の皮が現われました。むらむらと洗い朱（うすい朱）をぼかした上に、奔放な筆づかいで、うす墨で縞が描かれている。模様というより、一幅の絵画でした。

　職人に何度やらせても、思うようにいかないので、自分で描いたといっていました。それ程仕事に打ち込み、きものが好きな人でした。

「奥様方のお召しものを作るんでも、あっしは、一つ一つ、惚れた女のきものを作るつもりでやってるんです。それでなきゃ、気に入ったものはできやしません」

名言だと思いました。商売といっても、結局目先のもうけ仕事だけでは、ほんとにいい商人とはいえません。自分の仕事にほれこまないような人間に、特にきもののようなものは、美しいものができるはずはありません。あんな呑気な商売も、昔だからできたのでしょうが、一介の呉服屋さんでも、そこまで徹した人は、人間として幸福な生涯を送ったといえましょう。

彼は九十に近い高齢をもって、昭和三十五年の夏、大往生をとげました。しまいには、ぼけてしまって、病院を吉原と間違えたらしく、看護婦さん達が皆きれいなおいらんに見えるといっていました。

私が少しばかりきもののことを知っているのも、この福田屋さんに教わったことが多いのです。


熊が来たかと思ってライトを向けたのが、出会いでした。一九七八年一月二五日、明け方五時頃、軽井沢ゴルフ倶楽部の工事現場で打ちこんだコンクリートが凍結しないように徹夜でジェットヒーターをあてていた時のことです。顔を真っ赤にした大きな老人が何か叫んでいます。近づいて「ここは工事現場で危険だから、入るな」というと「君こそ、中にいては駄目だ。外に出ろ」と吠える。現場を守る一心で、なんとかその場から追い返しました。ところが、その人こそ、倶楽部の理事長でした。「これで俺の人生はおしまいだ」と心底思いました。

それが工事の労をねぎらわれ、激励のお言葉をいただき、別荘の管理などをさせていただくようになったのです。当時の私は約六年間のキックボクサーとしての選手生活を終りにし、実家のある信州小諸に帰ってきたところでした。父親が剣道の師範だったこともあり、幼少の頃から一対一の格闘技に惹かれ、大学で日本拳法と柔道を習得し、そのままリングに上った身にとって、理事長との出会いは、思いもかけぬものでした。

「君は金持ちになりたいか。政治家になりたいか。どんな人間になろうと思っているのだ。政治家で出世した人は嘘をうまくつける人が多いんだよ」と突然言い出されたこともありました。何を言われているのだか理解できない。ただ何か別の価値観を教えようとして下さっているのだということだけはわかりました。「偉い人だからといって、コメツキバッタのように頭を何度もペコペコ下げる必要はない。相手の目を見て、話の内容を理解したら一礼すればいいのだ」とも。

一九八二年五月のある日、「君は自分の建築技術に自信がないのか。あるのなら堂々と胸を張っていればいいのだ。建設会社は、新しく家を建てる時は一生懸命仕事をほしがるが、いざ完成してしまうと寄って来ない。軽井沢に必要な工事屋は、年寄りが多いので、襖が重いとか電気の球が切れて自分では出来ないとか、そういう小さなことをいやな顔をせずすぐ来てくれる業者なのだ。小林君はそういう気持で出来るか。出来るのであれば、電話番号を大きな字で書いてある、はがきの大きさの名刺を作り、すぐ自分で会社を始めなさい。困っている人達に名刺を配ってあげるから」と言われました。ちょうど担当していた現場も終わり、区切が良く、それ以上に自立・独立するきっかけとはこういう時なのだと感じ、出来る限りの速さで会社を興しました。言われた通りはがき大の名刺を二箱作り、理事長の別荘へ持って行くと、自室のタンスの上に置いて下さいました。

一ヶ月ほど過ぎて、部屋の清掃に行くとタンスの上の名刺が減っています。理事長に言われた言葉を守り続けなければと強く心に刻みました。

はがき大の名刺　小林淑希

DANDYISM of Jiro

グラフ

オイリー・ボーイの精髄

撮影……野中昭夫

最初のオーナーの終の棲家にやってきた
ベントレー XT7471

1925年冬休み　ベントレー1924年製3ℓに親友ロビンと共に乗り込み、
ヨーロッパ最南端ジブラルタルを目指した12日間の旅に出た

次郎の手垢が残っていそうな
ステアリングホイール
スピード・モデルにふさわしい
レヴカウンターなどの計器類

次郎がオーナーだった頃と同じ時速100マイル近くで
現在も走るヴィンテージ・ベントレーは、
どこをとっても〝絵〟になる
低いエキゾーストノートの源[左頁上右]、
3ℓから4.5ℓにパワー・アップされた
エンジンの心臓部分[右頁上左]、
たっぷりとしたガソリンタンク[左頁上左]、
ボンネットの留め革ベルトの皺[下]……

[左]ヨーロッパ大陸をひたすら南下するベントレー
運転席が次郎だとすると撮影は親友ロビンか

XT 7471
GB

BENTLEY

アルバム"Winter Vacation 1925-1926"から
（※印のついた都市は宿泊地）
欧州大陸へ渡って旅程2日目か［右］
最初の宿泊地・トゥールの町か［下左］
セビリャのアルカサール（王城）の庭園など
への入場券は記念に添付されている［下右］

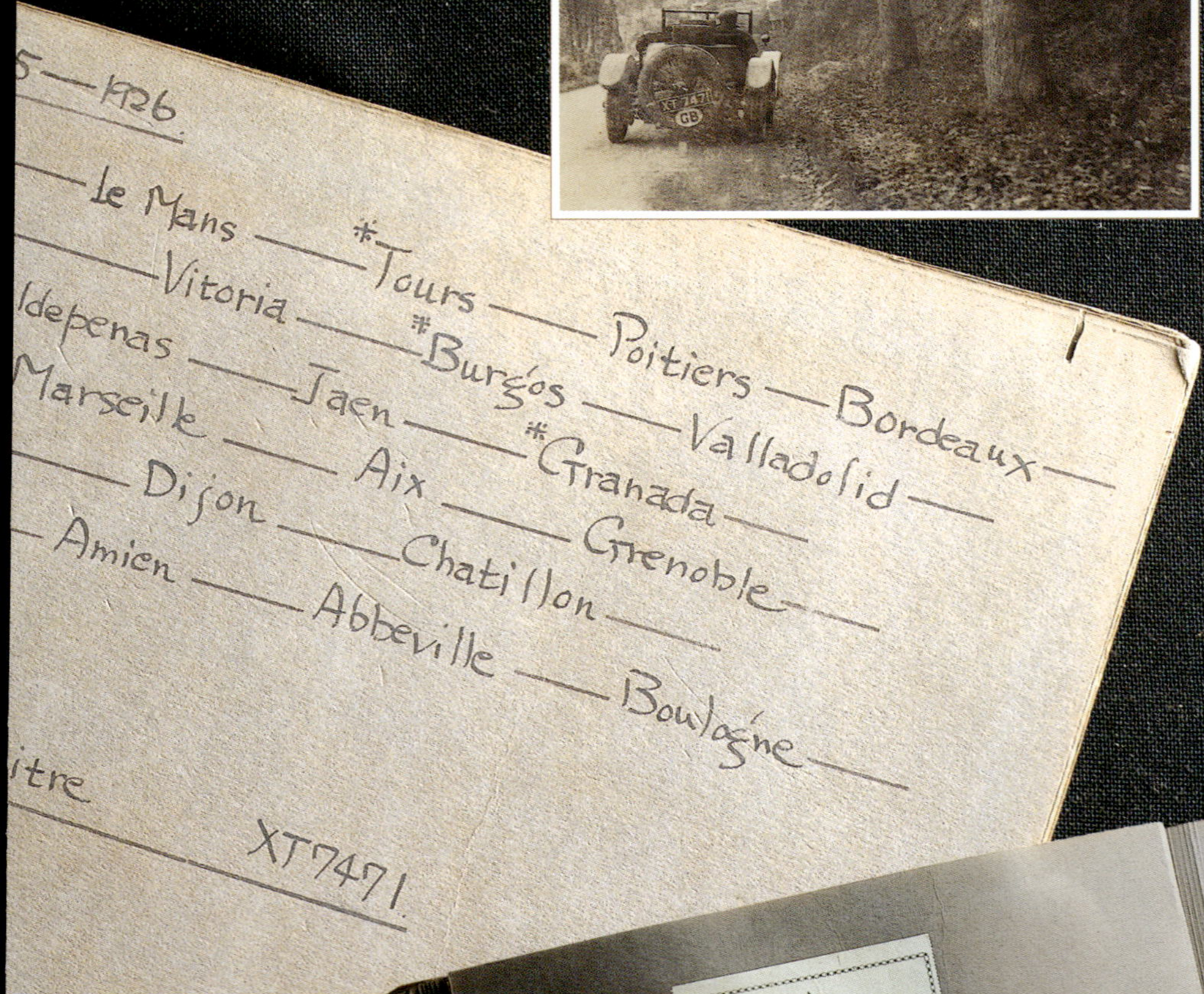

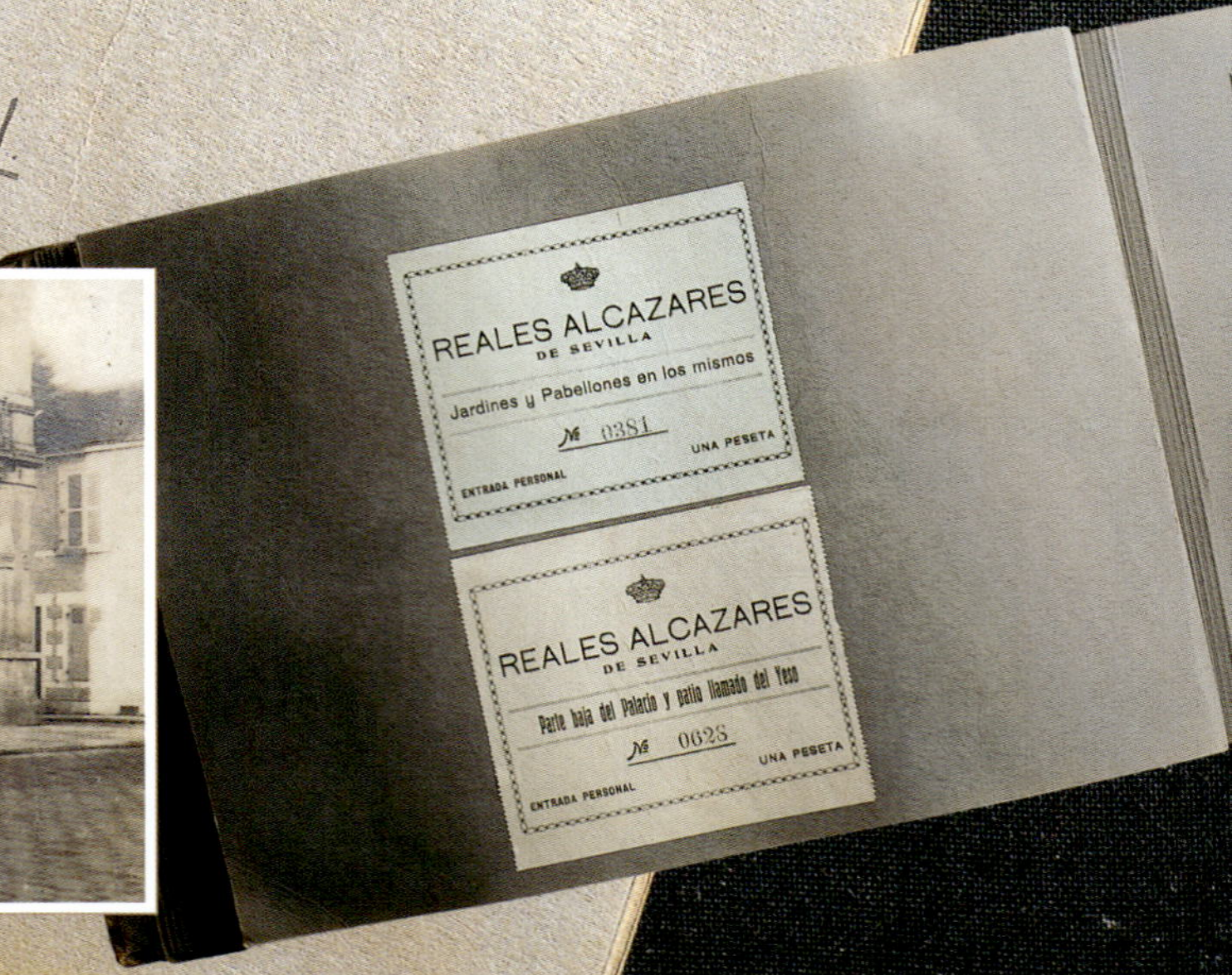

Winter Vacation

Southampton ——— Le

*Biarritz ——— *St. S

*Madrid ——— *Tolédo

*Seville ——— *Gibralter

Aix-les-Bains ———

Fontainebleau ——— *Par

Folkstone.

Bentley Th

* where we stayed

[上]スペインの高山を背景に
[中]バルデペニャス近郊ではガソリン・タンクがこわれた
[下]グラナダのアルハンブラ見物を終えセビリャへ

お気に入りの2枚
次郎は撮影したなかから何点かを大きく伸ばしていた
[右頁]農家の扉　トレド
[左頁]アルカサール　セビリャ

[見開頁]世界最初のレーシング・コース「ブルックランド」
ロンドンから1時間ほどのこのコースで次郎は
ブガッティやベントレーでレースを楽しんだ
[右頁下]ブガッティの運転席の次郎　隣りは親友ロビン
[上]「ブルックランド」の観客席の跡

赤いベントレー・マークは
スピード・モデルの象徴

白洲次郎のヴィンテージ・ベントレー

涌井清春

ベントレーという英国車は日本人にはなじみが薄いようです。反対に世界に冠たる英国製高級乗用車としてロールス・ロイスの名はよく知られています。そのロールス・ロイス社が1920年代にライバルとして怖れ、高級スポーツカーとしてのイメージを取り込むために1931年にベントレーの経営危機に乗じてやや強引に匿名で信託会社を通じて買収したのがベントレーでした。この「救済」のおかげでベントレーのブランドは今日まで続いたのではありますが。

独立会社であったベントレーは1919年から1931年までの12年間。その時代のベントレーの車たちをヴィンテージ・ベントレーといいます。車の設計者でもベントレー・モーターズの設立者であるWalter Owen BentleyにちなんでW.O.のベントレーとも呼ばれています。1923年から始まった年に1度のル・マン24時間耐久レースで'24、'27、'28、'29、'30年と5勝を挙げて一躍英国のプライドとなりました。ル・マンを含めて当時の自動車レースは市販車をそのまま走らせ、故障の際は乗員自身が簡単な車載工具だけで修理するというルールで、その成績がそのまま市販車の品質と性能の証明になるようなレースだったのです。

ヴィンテージ・ベントレーの音、振動、必要とされる運転技術、そして速さはスポーツカー創生期の王と呼ぶにふさわしい風格を備え、今も英国をはじめとして熱心なファンがレースやイベントに参加しながら動態保存に努めています。後席に乗る貴人の車、ロールス・ロイスとはまったく違う血の騒ぐドライバーズ・カーとしての頂点がヴィンテージ・ベントレーです。私はロールス・ロイスとベントレーのコレクターとして次第に時代を遡り、身をもってそのことを知りました。

80年前、白洲次郎が颯爽と飛ばしたベントレーが今、私の元にあります。シャシーの上を簡単に囲って座席を置いただけのような屋根なしのボディは当時と同様のスタイルで乗せ換えを経ていますが、目の前の計器盤やスイッチ類は基本的にそのままでしょう。この車は死んでいません。次郎が走ったと同じように、今なお時速100マイル（160キロ）近くで走ることができるのです。私が入手した2003年秋に日本で1000マイルを走るラリーにも出場しましたし、今まで出た走行会ですべて完走しています。

バケットシートに座って、エンジンをかける動作。今の車のようにキーをひねるのではなく、チョーク、点火時期の調整など一連の儀式めいた慎重な動作をしてスタートボタンを押すと、エンジンの振動と音が伝わり、ドライビングの興奮が目を覚まします。80年の時を経て白洲次郎と同じことをして、同じ躍動を共有できることに不思議な感動があります。

もとよりゆっくり優雅に走ろうという車ではありません。むしろ今の車以上に、もっと速く、もっと激しく、というむき出しのレーシング・スピリットを刺激する車なのです。次郎は当時、ブガッティというスポーツカーも持っていたし、晩年はドイツ本社から取り寄せた特別なエンジンを載せたポルシェを駆っていたといいます。次郎の「Play Fast」のTシャツは有名ですが、ベントレーの音と振動の中で速さを感じながら、私は会ったことのない彼が終生、粋な「Drive Fast」の人でもあったことに思いを馳せています。

当時からとても高価で、5年もの保証付きで売られていたいわばスーパーカーです。（日本にも5台輸入された記録が残っておりますが、個人で購入された形跡はありません。）油まみれで「オイリーボーイ」と呼ばれながら、１９３０年代にそんな車をブンブン飛ばして、レースに旅行にと酷使していたことは腕白な英国の青年貴族的だし、うらやましく、（60歳を前にした私には）ほほえましくもあります。

ヴィンテージ・ベントレーは英国では長らく「男の子のドリーム・カー」で、今では文化財並の扱いで取引されています。新たなオーナーたちは20世紀初頭の文化遺産として「一時預かり人」の自覚さえ持って手入れをしています。英国の「ベントレー・ドライバーズ・クラブ」が世界で一番古い自動車クラブである事実は、ヴィンテージ・ベントレーの魅力の一端を物語っているでしょう。全生産台数３０３０台のうち１２００台が現存していることが、このクラブによって調査されていますが、それらの車が幾人かのオーナーの手で大切に維持されてきたことも英国的だと感じますし、この車を維持してきた英国の自動車趣味人に感謝と尊敬の念を持ちます。

脱サラをしてロールス・ロイスとベントレーのコレクター、輸入商をしている私は、「白洲次郎のベントレー」が現存しているという情報に出会い、日本の自動車評論家の始祖である小林彰太郎氏とお話をしたときに氏は次のような趣旨のことをおっしゃいました。

「この車は日本にあるべき車。しかし自動車博物館などで死なせて遺骸のような展示をすべきではない」

いつまでも活発に走らせてこそ、白洲次郎のベントレーらしいということでしょう。この言葉を受けて、私はなかば使命感に駆られるように、入手を決意しました。

代理人を通じて、1年の交渉でした。「売ってもよい」、「やはり売りたくない」というオーナーとのやりとりの末、ベントレーのコレクターとしての一定の信頼

アルバム“Winter Vacation”の最初の頁を飾る一枚

を得たことが入手できた大きな理由だと信じています。日本の大企業（トヨタと東北電力と聞きました）からもかつてこの車にオファーが来たが値段に関係なく断ったということでした。「文化遺産」は分かる人にしか渡したくない、遠く海を渡らせるには抵抗がある、というのは正直な心情だろうと思います。

いつもは船便で2ヶ月ほどかけて輸入するのですが、この車に限って私はその2ヶ月がとても待ちきれず、3日で届く空輸便を利用しました。

第1次世界大戦後、人類初の近代戦争による無残な死と隣りあわせの中を生き延びた世代はとりわけモーター・スポーツに熱中したといいます。ヴィンテージ・ベントレーがレースで活躍した1920年代は、世界恐慌と第2次大戦までのつかの間の平和の時代。戦争の勝利と経済発展で築かれた富が子供たちに受け継がれた時期でもあるようです。自動車にとっての青春時代であり、新聞で伝えられるレースにヨーロッパの各国民が誇りを託して興奮した時代です。

優勝を争う車を見事に走らせるレーシング・ドライバーは花形有名人。英国ではその中心に「ベントレー・ボーイズ」と呼ばれるレーサーのグループがありました。それぞれが裕福な家庭の子弟で、自身が走らせるベントレーのオーナーである。時にはお洒落なプレイボーイでありながらも勝利への強い意志を秘めた人間像は魅力的です。彼らによって創り出されたヴィンテージ・ベントレーの伝説は現在でもベントレー・ブランドのイメージの源流をなしています。

白洲次郎もまさにこの人々と交流したことがうかがわれます。1927年にベントレーがル・マンで2度目の優勝を飾ったとき、ロンドンのサヴォイ・ホテルでの優勝祝賀パーティーにベントレーのオーナーとして招待された次郎が、自分のベントレーを運転していったということもあったでしょう。――後日、愛娘の桂子さんにお話をうかがったところ、「自分の車でよくパーティーに行った」と話していたとのこと。

次郎がケンブリッジ時代に新車で乗ったこのベントレーは１９２４年製。３リッター・スピード・モデルで、車台番号は６５３。登録番号（ナンバー・プレート）はＸＴ７４７１です。

記録によると次郎は１９２４年5月24日、この車をベントレーのディーラーであり、自身がベントレー・ボーイズの中心的人物であったキャプテン・ジョン・ダフ（John Duff）から直接買っています。（この年はル・マン24時間耐久レースでダフの運転でベントレーが初優勝する年です。）

ケンブリッジで勉学しながらイギリスの富裕階級の子弟と交流し、ベントレーを買いに行った若き日の次郎のはつらつとした姿が想像されます。彼の青春を彩ったヴィンテージ・ベントレーは主人亡きあと、彼の青春の遺品であると感じます。

この度、桂子さんにお会いして、次郎がケンブリッジの親友ロビン・ビング氏とこの車でヨーロッパ旅行をしたときの写真を見せていただき感動を新たにしました。

この車を武相荘まで運び、愛娘の桂子さんご夫妻にお披露目できたことは、本当によかったと思います。桂子さんに同乗していただき武相荘の周りを走った十数分間、無言のうちに桂子さんのさまざまな感情の波が私にも伝わってきました。

英国で白洲次郎の手にわたってから80年を経て日本にやってきて、東京の喧騒の街並みを縫い、今は亡きオーナーの終の住処を訪れることができたベントレー。愛娘の桂子さんに乗ってもらい、風を切り、その音と振動、乗り心地を味わってもらったこと。そのあと思い出話を伺ったこと。私にはすべてが最高でした。

後日、私のお礼の手紙に対していただいた桂子さんのお返事も私の一生の宝物です。いつか本でみた白洲正子さんの字にも似た、おおらかな筆の字でした。

「――私は、生前、父は私に武士の娘は人前で泣いたり喚いたりするものではないと古風なことを申しておりましたが、涌井さんが運んでくださったベントレーを見た時に口に表すことのできない感情に魘われ、不覚にも父が禁じていた涙がこぼれそうになりました。私は物を擬人化したり、逝ってしまった人が何か想うだろうというようなことを避けて通るような人間ですが、今回に限って父も、ベントレーも、涌井さんのような方に所有していただいてどんなに喜んでいるだろうという気持ちになりました――」

白洲次郎が上等で腕白な英国紳士であると同時に、その生き方を通じてひとりのサムライであったことにも思い至りました。

今、半生を費やした私のクラシック・ベントレーとロールス・ロイスに賭けた自動車趣味が、この車の預かり人になることによって本懐を得たというような思いがしています。

「白洲次郎のベントレー」をこれからもしっかり維持して機会あるごとにお披露目していきたいと思っています。

義父、白洲次郎と車

牧山圭男

50年近くも前のことになるが、高校生だった私は父親がメンバーであったお陰で、軽井沢ゴルフ倶楽部のジュニアメンバーとして、安くゴルフを楽しむことができた。

そんなある日、ランド・ローバーから長身、白髪のカッコイイおじさまがパターを小脇に抱えて、何とゴムゾウリをパタパタ言わせて降りてきて、父と軽い挨拶をかわしてクラブハウスに消えた。思わず「どなた？」と聞くと父は「白洲さん」、「何者？」、「おれも詳しくは知らないけど吉田茂の黒幕として、政界や財界の裏の実力者で、余り表には出てこない人だ」

なんとも言えずかっこ好く、そして顔は穏やかだが威厳があり、こちらも居住まいを正さずにいられない雰囲気をもっていた。

「若い奴はセルフバッグで回れ」「プレイ・ファスト」「何時まで狙っているんだ、そんなとこから入りゃしないよ、早く打て」「自分の庭に吸い殻捨てるバカがどこにいる」「帽子をテーブルの上に置くな」「クラブハウスの中ではサングラスをとれ」「ゴルフがちょっとうまいからといって、偉そうな顔するな」「キャディーに威張るな」「ディボットは自分でうめろ」

そういえば、ある夏の日に皇族の方がビジターでプレーを楽しまれ、金を払おうとされたとき当時の支配人は、プレー代を普通に頂いて良いものかと緊張して、白洲のところに聞きにきて、「当たり前だ」と怒鳴られていた。

こんな事もあった、白洲も参加していた、恒例の文壇ゴルフが18ホールスで終り、まだ明るかったので某大手出版社の社長他数名の方々が、もうハーフまわろうと1番のティーショットを打ち終り歩き始めた時、テラスから既にプレーを終えた白洲の怒鳴る声が響いた。「君達、今の時期はビジターだけでは申し訳ないけど回れないんだ」、ああそうかと納得した皆さんはキャディーに、「おい、悪いけど打ったボール拾っといてくれ」と言ったところ、再び大音声で、「自分で打ったボールは自分で拾ってこい」

皆さん必ず「白洲さんに怒鳴られた」と嬉しそうにおっしゃるが、確かにマナーには厳しかった。お陰で善良なるメンバーにとっては、実に居心地のよいクラブで、私の父などは、「全国のゴルフ場から吸い殻が無くなったのは次郎さんのお陰だ」といっていたくらいだ。

　ただ私が学生の頃、ゴルフ場で怖いもの見たさに白洲に近寄りいろんな話を聞くのは良いのだが、元もと訥弁の上、イギリス仕込みで口のなかに籠ったスノッブな喋り方なので半分ぐらいしか聞きとれず、怖くて聞き返すこともならず適当に相槌を打ってごまかしていた。秘書の方やビジネスで絡みのあった方々は慣れるまで困られたことも多かったと思う。それから10年、縁あって白洲の娘と結婚する事になり、あまりオメガネに適わない娘婿として付き合う事になったのだが、彼が亡くなって20年が過ぎようとしている今年の5月に、私ども夫婦にとって大変ドラマティックな出来事が起きたのだ。

　何と80年前、当時世界のオートレース界を席巻し、風の様に消えていった名車ベントレー１９２４年式3リッターの、正に白洲がケンブリッジ留学時代にのってレースを楽しんだ実物そのものが、当時のプレートナンバー「ＸＴ７４７１」をつけたまま、彼の終の棲家「武相荘」の門の前で、低いエキゾーストノート（排気音）を発していたのだ。日本有数のロールス・ロイスとベントレーのヴィンテージカー・コレクターの涌井清春さんが、持って来て下さったのだ。

　次郎が最初のオーナーだったこのブリティッシュ・レーシング・グリーンの車は、彼の古いアルバムやＴＶ番組でイギリス人オーナーが走らせているのを見て、縁があったら実物に触ってみたいと夢見ていた。初めて見るのになぜか懐かしさで一杯になり、家内は思わず「お帰りなさい」と呟いて涙ぐんでしまった。涌井さんのご厚意で、写真を撮ったりちょっと運転してみたりと、エキサイティングな一時をすごすことができた。

　直線的なフロントウインドシールド（フロントガラス）、次郎の手垢の残っていそう

［上・左頁］ストラッフォード伯爵家の領地
「ハイグリーンの城館」をブガッティで
訪れた時のスナップ2点
ロビンは同家の継承者だった

なステアリングホイール（ハンドル）、冬のヨーロッパの悪路に耐えてきたガソリンタンク、えも言われぬ曲線美のカウリング、ボンネット（フロントカバー）の留め革ベルトの皺、レヴカウンター（回転計）などの計器類、ひび割れた革のバケットシート、ストロークの長い蒸気機関車のコンロッドのようなシフトレバー、精緻なドアーヒンジなど、どれを採っても80年前の工業生産品と思えない、カチッとした仕上がりの、スキの無い優美さ。次郎の愛用したブリッグの傘、ルイ・ヴィトンのトランクのブラスの金具、あるいは白洲正子の気に入っていた田島隆夫さんの織物か、古澤万千子さんの辻が花の着物の様に、時代を越えた職人技の名品だけがもつ美しさに息をのむ思いがした。

なるほど骨太な繊細さを持つ次郎のモータリストとしての原点は、まさにこのベントレーとブガッティーであった。

生涯の友となった、ケンブリッジ大学クレア・カレッジの同級生アンクル・ロビンことストラッフォード伯爵と2人で1925年の冬、買ったばかりのベントレーを駆ってジブラルタル海峡を目指し、ボルドー、マドリッド、グラナダ、ジブラルタル、マルセイユ、ジュネーヴと走破したアルバムが残っているが、当時のオイリーボーイにとってはギア・シフトはレヴカウンターを見ながらダブルクラッチ、ステアリングはカウンターを切って、時には力ずくと、高度なドライビングテクニックを要求され、その上で燃料の確保、周到な工具、スペアーパーツの用意と、メカニックの深い知識が無ければとてもヨーロッパ一周は出来ない。

儒教を学んだ古い武家に生まれて、アメリカに留学した白洲の父・文平の、ヨーロッパに於けるネットワークに加えて、このアンクル・ロビンの知己をえて初めて金があるだけでは買えない、上質な社会への参加が可能になり、国際的社会人としての教養、マナーや考え方、プリンシプル即ち筋を通す事、ノブレスオブリッジという、分相応の行動規範、カスタムという先人の英知を尊重する事など多くを学び、その上でベントレーやブガッティーを持つことを許されて、青春を楽しむ事が出来たのではなかろうか。

日頃から「狭いエレベーターの中で、何がなんでもレディファーストを押し通すのはナンセンス」と言っていた次郎が亡くなった時、中曽根康弘総理（当時）が新聞の追悼コメントの中で「白洲さんはディシプリンの人だった」と言われたが、それを読んだ家族は「違うよね、プリンシプルだよね」と珍しく意見が即座に一致した。

当時の吉田茂総理に請われて終戦処理に当たった時のことを、本人はあまり多くを語りたがらなかった。ある時お話しする機会があった与謝野秀《しげる》元大使からは、当時の外務省のなかに「白洲さんも良いが何の権限があるんだ、という批判もあった」と聞いたりもしたが、敗戦で魂をぬかれた日本を救う為に、占領軍に一方的に押し付けられそうになったディシプリンを越えて、筋を通そうとした白洲がある日の夕方、アンクル・ロビンから送られてきたシングルモルト・スコッチウイスキーのぬるい水割りをのみながら、珍しくポツリと独り言のように「おれの左翼思想がどれだけ多くの日本人を救ったか……」と呟いたことがあった。

よく「今の政治家は交通巡査だ、目の前に来た車を捌いているだけだ、それだけで警視総監にはなりたがる。政治家も財界のおえらがたも志がない。立場で手に入れただけの権力を自分の能力だと勘違いしている奴が多い」ともいっていた。

白洲が好んでよく話していたのは帝国生命（現・朝日生命）や三越の社長をされた朝吹常吉さんのこと。白洲がゴルフ場にランド・ローバーで乗り付けると「朝吹のジイサンがクラブハウスの中から出てきてステッキで駐車している車を軽く叩きながら、こいつは会社の車、こいつも会社の車で来てやがる、そこへ行くと次郎は感心だ、自分の車で来ていると褒めてくれたが、実はジイサン俺が時々会社の車で来ているのを知っていてわざと言いやがる」「朝吹さんが外出のため出てこられ、運転手にちょっと待っててくれと合図して、10メートル先の郵便ポストへ手紙を投函して戻り、さあ行こうと言われる。言って下されば車でまわったのにと秘書が言ったら、いや良いんだ、あれは僕のプライベートな用件だからとすましておられた。この頃ああいう素敵なジイサンが少なくなった」「能力のある人もいるが、皆ポーズが足りないよ」とも言っていた。力ずくでおさえ込もうとするだけでなく、〝武士は食わねど〟といったポーズをくずさず、ずるく統治するイギリスの植民地政策のように。

白洲自身も自分の公用車を、正子や家族が単独でプライベートにつかうことは一切認めなかった。

その頑固な生きざまは、当然の事ながらイギリス風のキックの利いたジョークと共に、服装などにも彼の言うプリンシプルがあった。これはちょっと娘を盗られた腹癒せの、ただの意地悪ではないかとも思うが、我々が結婚するときに私は嬉しくてブラックタイをはじめて新調したのだが、5時から始まる披露宴には、白洲は「明るいうちからディナージャケットはおかしいから俺は平服にする」と言って着ず、義兄だけがつきあってくれた。

また、ある日私が会社にジャケットを着て出掛けようとした時見咎めて「君、そんな格好で会社に行って大丈夫か？」と本気で心配してくれたこともあった。

そういえば、次郎に生涯で二、三回しかほめられた記憶がないが、彼の最後のイギリス訪問となった旅に同行したおり、アンクル・ロビンとその長男トミー一家を田舎の城に訪ねるのに、一張羅のダンヒルで買ったカシミアのジャケットとタンブル＆アッサーで買ったニットタイで決めた時、「君なかなかスマートじゃないか」と褒めてくれたことがあった。

白洲は何時もちょっとスノッブにセクシーにドレスアップとドレスダウンを、T.P.O.S.（時・場所・機会・スタイル）に応じて楽しんでいたが、何のことだったか「おれもスノッブだが、君も相当なもんだな」と苦笑交じりに冷やかされたことがある。「昔、海外ではキチッとした身なりに、例えばルイ・ヴィトンのスーツケースでホテルに行けば、それなりの対応をしてくれた。もっともそれには相応のチップなどコストは掛かるがね」とも言っていた。

　イギリスに同行したおり、記念にタンブル&アッサーでブレザーコートを買ってくれたが、「ブレザーを着たときは必ず絹のスクールタイやレジメンタルタイをしろ、ニットタイなどを合わせるとそれだけで、あいつはその程度の奴かと思われてしまう」、「外出の時はネクタイは忘れても良いが、ジャケットは絶対に持って行け」

　お洒落もカスタムあっての着崩しで、白洲にとっては服装も車と同じで、単なる道具ではなく、生き様を投影した生活の大事なパーツだったのだ。

　白洲はよくステーション、すなわち分際をわきまえるという事を話していたが、「イギリスではロールス・ロイスに乗っていい奴と、ジャギュア（ジャガー）までしか乗ってはいけない奴がいるんだ」「でも、昔はロンドンでドレスアップした美しいレディーが、ミニクーパーを白い手袋に帽子を被ったショーファー（運転手）に運転させて、コ・ドライバーズシート（助手席）にすわりハロッズに乗りつけて優雅な物腰で買い物をするのを見掛けたり、正装した若い上品なカップルがクラリッジスやホテル・サヴォイに、泥だら

［上］ロビンから戦後贈られたウィスキー各種とウィスキー瓶をカットして作ったグラス
［左上］みずから輸入者となって贈りものを受け取ったことを示すラベル
［下］愛用のビール・ジョッキ（筆者作）とブランディ・グラス

ロビンの長男のカントリー・ハウスで、その孫たちと遊ぶ次郎　1979年　撮影・筆者

けのブガッティーの幌をあげて乗り付けたりしたが、あれが本当のお洒落、スマートというものだ」といっていた。

最近武相荘に取材にみえられた方から、稲垣足穂の「ヒコーキ野郎たち」に白洲さんのことがでてきますよ、とその箇所のコピーがおくられてきた。

〈この頃、白洲二郎の自動車に乗せて貰ったことがあった。先方は県立一中のカーキ色の制服をきちんと身につけ、軍靴の上にゲートルを巻き締めた、落着いた少年であった。なんでも午後遅く前ぶれもなく彼の運転するオープンカーが表に停ったので、那須と私はそれに同乗して夕方のトアロードを下り、楠公神社東門の傍の材木屋まで出向いたのだった。私は車上で待っていて、那須が下りて、予て注文してあったボディー用の檜の角材四本を受取り、こうして尾長鳥になった自動車で再び中山手通二丁目まで送り届けられたのである。白洲君の上には彼が一中卒業後にフランスの飛行学校へ行くのだとの噂があって、私は、自分などの到底及びもつかぬ話だと淋しい気持に襲われていた。しかしあの一刻、彼は言葉少なで、われわれの飛行機に特に関心を持っている風でもなかった。

（中略）白洲君のフランス遊学云々は、彼が乗廻している自動車をたねにした何人かの幻想だったときょうになって解釈される。〉

ここにみられるように（次郎が二郎になってはいるが）次郎の車遍歴は、彼が中学生の時に父親に買って貰った、アメ車のペイジ・グレンブルックに始まり、ベントレー、ブガッティー、ランチャ、ハンバー・ホーク、ランド・ローバー、メルセデス・ベンツ、そしてセカンド、サードカーとして時宜に応じて、例えばオイルショックの時など、いち早く低燃費の三菱ミラージュに乗ったり、ジープ、トヨタのピックアップトラック、ソアラ、スバル・サンバーなどを併用していた。

車ではないが、私たちが隣に家を建てさせてもらい、庭の手入れをせずに草茫々

最初の愛車ペイジ・グレンブルックで
神戸郊外へ遠出を楽しむ　運転席が次郎

のまま放置していたら、ヤコブセンの自走式芝刈り機を買って来て、「これがあれば少しは草刈りするだろう」と置いていったことがあった。初めのころは面白がって家内と庭を走り回ったが直ぐに飽きてしまった。

最後は1968年製ポルシェ911Sのスポーツドライブを充分楽しんだ後、家族のアドバイスに従い、80歳をもってイグニッションキーをテーブルの上に置いて終わった。

自分が早くから運転を楽しんだので、「運転は若いとき始めれば早い程よい」が持論で息子や娘達も、車などほとんど見掛けない50年前の町田市郊外のたんぼ道を走っていた。のどかなもので、私の家内などは14〜15歳から運転を始め、小さいので窓から顔がみえず、駐在のお巡りさんから「今、白洲さんちの車が無人で走っていたけど大丈夫か？」と電話があり、家人を慌てさせたこともあったという。

なるほど家内は父親仕込みで運転は非

常にうまく、若い頃はいっしょにサーキットのバンクを走ったり、ジムカーナなどの大会に出場したり楽しむことができた。

血は争えないものでわが息子はある日、それまで持っていた車を売って、古い三菱のジープのワゴンに乗って帰ってきた。それを見て家内は腰がぬける程びっくりしてしまった。何とその車は息子が知る由もない、次郎が東北電力会長時代に、ランド・ローバーの次に国内産業促進のために、あえて公用車として採用し、個人としても乗っていて、家内も運転を習ったモデルで色まで同じだったからだ。

海外のモータリゼーションを早くから目の当たりにしていた白洲は戦後、「自動車産業を国際的に育てようと考えるなら、右側通行にし、高速道路は3車線とし、出入口やジャンクションなどは低速側に設置すべしと強くアドバイスしたが、自動車のことを知らない役人と技術者がバカなことを言って聞く耳をもたない、今に東京は渋滞でえらい事になるぞ」といっていたが、不幸にして当ってしまった。

当時、実際に白洲は自分の海外ネットワークを生かして、BMWと国産メーカーの提携交渉や、クライスラーとの提携話を当時の三菱重工トップがまとめる橋渡しもしていたようだ。

既に65歳をすぎて第一線を退いていたが、大沢商会の会長や日本テレビ、シェル石油、大洋漁業、S.G.ウォーバーグの顧問などをやっており、仕事絡みの時はメルセデス・ベンツ450を自分で運転して行く事も多かった。ショーファーに運転させる時でも必ず、コ・ドライバーズシートに座り、ホテルに乗り付けた時など、恭しくだれも乗っていない後ろのドアーを開けたドアボーイがびっくりしていた。

メルセデス・ベンツといえば、白洲の最初の'60式モデルを海外の友人の世話で個人輸入した時、総代理店のヤナセに勤めていた私が手続きの手伝いをした。彼は「あいつは俺にベンツを売り付けて、代金のほかに娘までもって行きやがった」と言っていたそうだが、その後「あいつは、もしかしたら大した奴かもしれない、ほかならぬ俺様の娘を取り敢えず黙らしているんだから」とも言っていたようだ。この二つをセットで良しとして、私の好きな次郎のジョークの一つである。

'68ポルシェ911Sに乗るきっかけはあまり詳しくは知らないが、ドイツと関係の深い外国の旧い友人が、日本におけるビジネスをスタートさせるのを手伝ったら、お礼をしたいと言われ、「君からカネなど貰う訳にはいかないよ、でも、どうしても何かくれたいのならポルシェでもよこせ、と言ってやったら本当に送ってきた」と、とても嬉しそうに話していたような気がする。

全くのプライベートライフでは、もっぱらポルシェで関西方面や軽井沢、東京のゴルフ場などの行き来をしていたが、何時もアンクル・ロビンから贈られたレスレストンの赤いドライビンググラブをはめ、さあ行くぞといった感じでステア

［右］東北電力会長時代の次郎が、国内産業促進のために、あえて公用車として採用した三菱自動車のジープ
［下］筆者夫婦をびっくりさせた右と同タイプ同色のジープ

東北電力時代、次郎は四輪駆動のランド・ローバーを駆使し、徹底して現場を回る会長だった

リングホイールを握り、ピットから飛び出すようにガレージから出ていった。

時々、家に帰るなり嬉しそうに「東名高速で若い奴が競りかけてきたから引き離してやった」などと言っていたが、若い頃イギリスのレースで鍛えた腕はさすがで、遅めのクリッピングでコーナリングを楽しみ、事故やぶつけた話は聞いたことがなかった。

たまに彼のコ・ドライバーズシートに乗せてもらったことがあるが、若々しい運転ぶりで、南仏アルル郊外のカマルグで白馬に跨がったカウボーイか、ケンブリッジ大学ラグビー部のフォワードのように、そこのけおれ様のお通りだといわんばかりに、対向車を押し退けるように運転していた。

またショーファーや娘達の運転の時は、「それ行け今だ、前に詰めろ」などとうるさく、うまく追い抜いたりすると、「グッド・ドライブ」等とここでもプレイファストだった。

２、３年してドイツから２・４リッターの新エンジンが届き、パワーアップするとブレーキディスクはこれで耐えられるのかなど、細かいメカニックチェックをして載せ換え、子供が夏休みの標本をつくるような手つきで、自分でアルミ板を２・４と切り抜いてボディーに貼り付け、「このスペックのポルシェは世界に一つしか無いんだぞ」と自慢し、心からモータリングを楽しんでいた。

そんなある日、ポルシェで出掛けたのにメルセデスに乗って帰ってきた。どうしたのかと聞いたところ、「今度トヨタがソアラのモデルチェンジを計画していると聞いたので、今、おれの乗っているソアラに対する改良点をアドバイスし、ポルシェは（豊田）章一郎君に参考にしたらどうかと置いてきた」とのことだった。

白洲のアドバイスで改良されたニュー・トヨタ・ソアラの完成直前に次郎は亡くなり試乗することは出来なかった。代わりに正子が豊田さんのお招きで工場を訪れ、お話を聞き、その車を見た途端、自分で運転もしないのに、まるで骨董屋で信楽の大壺でも買うように「買った！」と叫んだそうだ。その車で豊田さんまでご同行くださり家族と三回忌の墓参りを済ませたのも懐かしい思い出だ。

実は、ポルシェ９１１Ｓには乗せてもらった事はあるが、ドライバーズシートには、何か白洲の特別なプライベート空間・ＤＥＮのような気がして、一回も座った事がない。

その反動で白洲が亡くなって数年経ってから、私自身ポルシェ９４４クラブスポーツを買い10年以上楽しんで判った事がある。イギリス育ちの白洲は、国営化や労働争議などでちょっと駄目になった当時の英国車よりも、若い頃親しんだベントレーやブガッティーのちょっと武骨だが、力ずくで言う事をきかせたくなるようなマシンの匂いを、'６８ ９１１Ｓという非常にマニアックなテーストを持つポルシェの硬めのバケットシートのコックピットに思い出していたのだ。

最後の愛車ポルシェ911S '68年製に寄り添う次郎　1980年
若い頃親しんだベントレーやブガッティのちょっと武骨だが、
力ずくで言う事をきかせたくなるようなマシンの匂いを
楽しんでいた　左上は免許証と自作の高速道路キップ入

COUNTRY GENTLEMAN

グラフ

英国　カントリー・ジェントルマンへの変貌

撮影……奥宮誠次

［見開頁］方庭から見たクレア・カレッジ
1326年設立のケンブリッジで2番目に
古いカレッジ　上層階が学生寮
［下］クレア橋を渡るとカレッジの裏門
［左頁下］クレア橋上からケム川を見る

［右］フェローズ・ガーデンから
ケム川越しに見るカレッジ
［下右］次郎が晩年、顧問をつとめた「S.G.ウォーバーグ」は、次郎の名をケンブリッジにとどめるため、東洋及び日本関係の図書をカレッジの図書館［下］に「白洲ライブラリー」として寄贈した

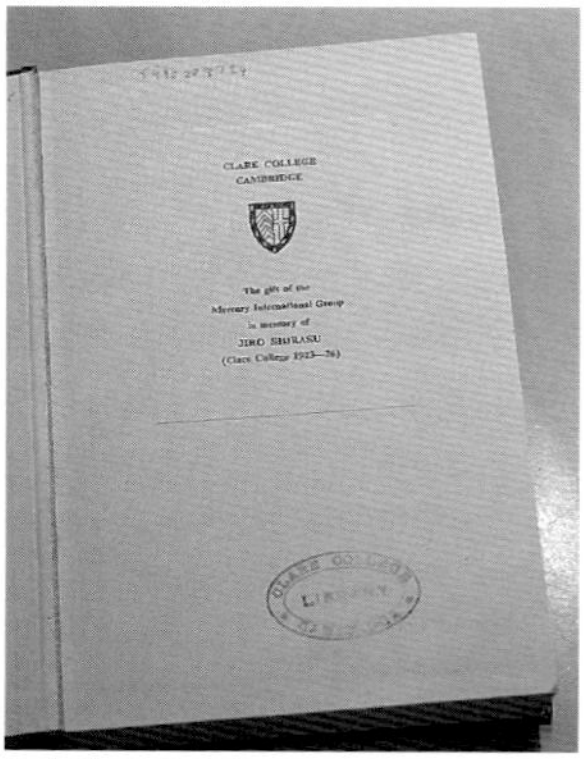

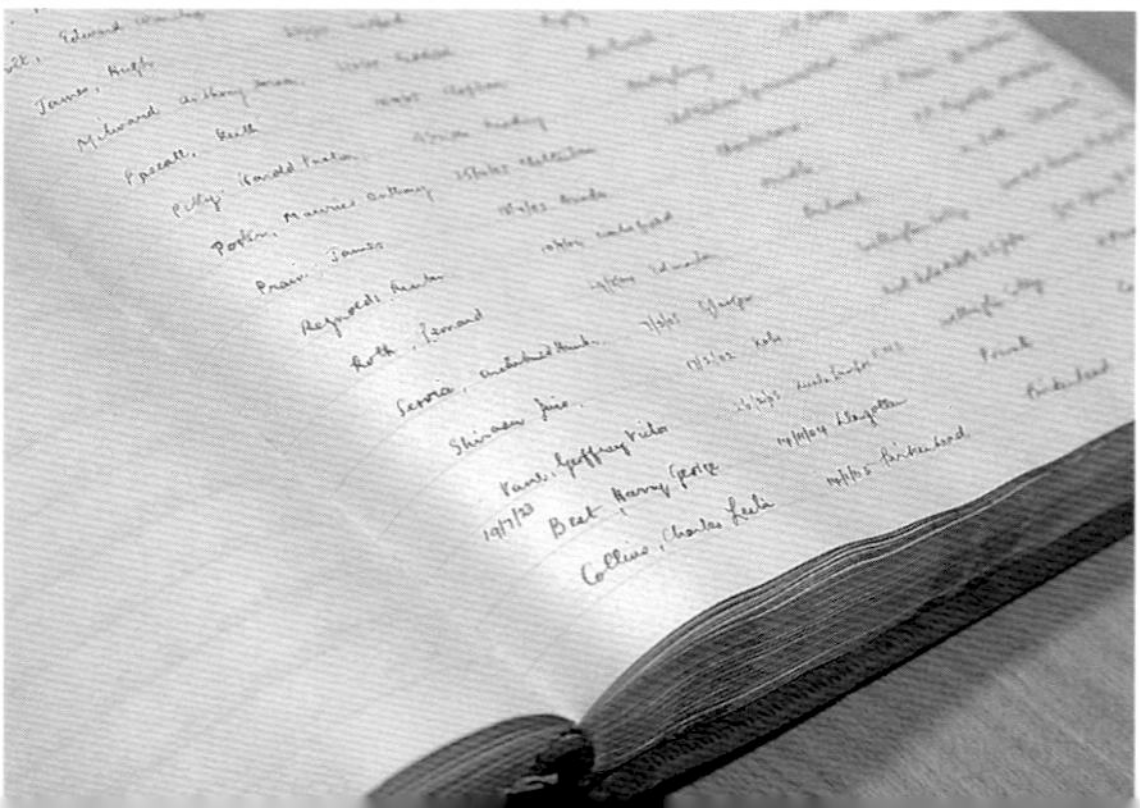

クレア・カレッジの学籍簿［上］に
記名された白洲次郎の名［左］
「白洲ライブラリー」のラベルに
よると在籍年は1923-26年［中上］

次郎がクレア・カレッジ時代に着ていたガウン2種、
「エンサイクロペディア・ブリタニカ」第11版全29巻、
スクール・タイ2本
絵はロビン氏の前妻Mary Roydsによる「桂子像」(1963)

カントリー・ライフを楽しむハイグリーンの城館《マナー》

ハイグリーンは北イングランド、ノーサンバーランドの古戦場で知られるオッターバーンにある
ローマ時代につくられた真直ぐな道をえんえんと行き、少しわき道を入ると城館にいたる
[見開頁]「ハイグリーンの城館」正面　ストラッフォード伯爵家の本拠
[下右]1926年8月2日　ブガッティで訪問　John Chirasuと城館のアルバムに記されている　隣りは親友ロビン
[下中]1926年10月4日撮影の「ハイグリーンの城館」
[下左]1925年2月21日　ベントレーで訪問

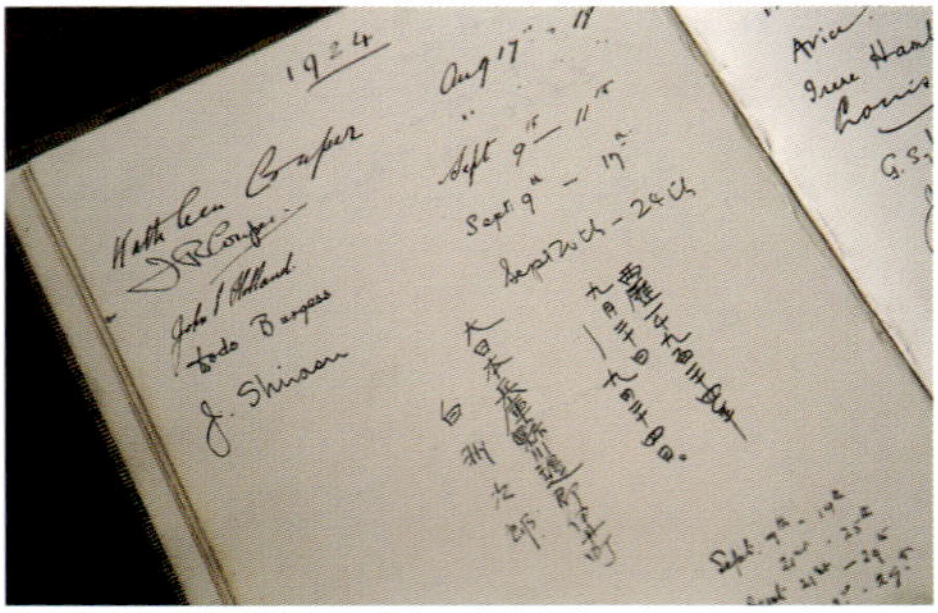

[右上]来客簿の次郎の署名「西歴(暦)一千九百
二十四年九月二十日—九月二十四日。
大日本兵庫県川辺郡伊丹町　白洲次郎」
[右中]次郎が訪れた頃の雰囲気を残す居間
[左上]次郎の暖炉好きの原点となった暖炉か
[下]アプローチからの城館外観

次郎が使っていた部屋からの風景

リンゼイ・ハウスのあるチェルシーは、
ハイド・パークの南側でテムズ河に面し、
文学者や芸術家たちに愛された地域
[右]ガーデン・パーティが開かれた庭
[下]次郎の寝室はほぼ当時のまま

［左］リンゼイ・ハウス正面外観
［下］バルコニー（左の写真の上層階にみえる）からのテムズ河風景は、ココシュカの作品（31頁参照）にそっくり

タウン生活の拠点
ロンドンリンゼイ・ハウス

次郎が使っていた部屋からのロンドン風景
101頁の写真と較べると、
次郎のタウンとカントリーへの思いが
伝わってくるようだ

次郎ゆかりのロンドンの店

1806年創業の紳士服専門店
ヘンリー・プール外観

店のある通りの名「サヴィル・ロウ」が
「背広」の語源になったといわれる
次郎が1953年に最初に訪れた記録が
顧客名簿に残っている

SHOP in LONDON

HENRY POOLE & Co.

15 Savile Row London
W1X 1AE

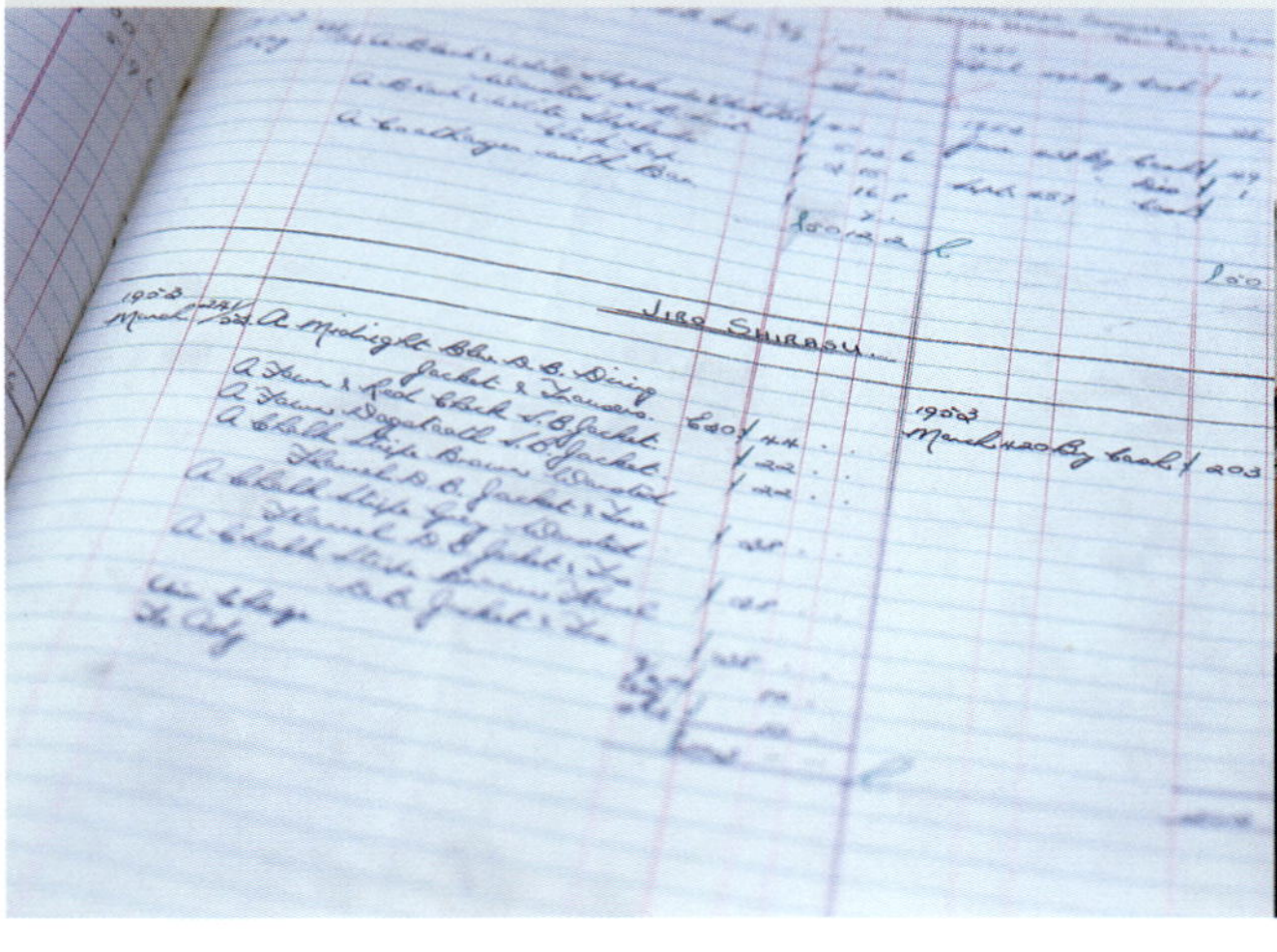

SHOP in LONDON

Harvie & Hudson

97 Jermyn Street
St.James's London
SW1Y 6JE

ロンドンの中心部ジャーミン・ストリートにある
ハーヴィ&ハドソンの本店外観

少し堅い感じといわれる襟や袖口が
かえって次郎好みと思われる
ドレスシャツをとりわけ好んだとも

革製品で知られたスウェイン・アドニーに
第二次大戦中、合併された傘作りのブリッグでは
ウィスキー入れを柄に仕込んだ傘を特別注文した

SHOP in LONDON

SWAINE ADENEY BRIGG

54 St. James's Street
London
SW1A 1JT

SHOP in LONDON

James Lock & Co.

6 St. James's Street
London
SW1A 1EF

１６７６年創業と世界最古の歴史を誇る帽子屋ジェームス・ロックには、皇太子時代の今上天皇も来店

白洲次郎のいる風景

青柳恵介

一

一九八五年（昭和60年）の十一月半ばすぎ、祇園のお茶屋「松八重」の主人辻村年江《としこ》は里春に電話をかけた。今、白洲次郎さんがうちにおこしになったけれど、もう大分お酒をきこしめされていて「腰が痛い」と言って横になられたので腰をさすってさし上げると「日本一親切なトシちゃん」と言って眠ってしまわれた。目を覚ましたらお帰りになるだろうから、鮭の御礼は明日「佐々木」に二人で一緒にうかがって申し上げましょう、という主旨の電話である。里春と辻村年江は一週間ほど前に白洲次郎から鮭を送って貰い、その鮭がとびきり美味しかった。里春はまだその切り身を大事に冷凍庫にとってある。年江は里春から白洲次郎が京都にお見えになったら必ず報せて下さいと頼まれていた。年江の方は送られてすぐに礼の電話を東京にかけると「美味いならばもっと送ろうか」と言う。「はあ」と曖昧な返事をしていると、間を置かずに再び送ってくれた。

翌日、二人が白洲の常宿の「佐々木」に出向いて礼を述べると、白洲は年江をさして「この人は二度送れと言うんだよ」と笑い、短い時間のうちに「来年の夏はまた軽井沢においでよね」「きっとおいでよね」と何度も繰り返した。白洲の軽井沢の別荘には、二人は何度も出かけている。「佐々木」の主人の佐々木達子、里春の姉の里千代などと共に出かけたこともある。楽しい思い出ばかりだ。普段朝の遅い二人だが、それでも努めて七時に起きて居間に顔を出すと、次郎はすでに庭で水を撒いていて「寝呆け！」とどなられる。が、すぐにニコッと笑う横顔がまぶしい。ある時、土産に持参した鯖寿司と鯛寿司を冷蔵庫に蔵ってくれただろうかと年江と里春が寝床で心配しながら話し、朝早く食堂に顔を出すと、次郎が大きな食卓に寿司の包みをひろげ、あらかた一人で平らげているのを見、二人で顔を見合わせたこともあった。おっかないけれど子供のような純な魂にふれる思いは何ものにもかえがたい。

軽井沢では里春は夫人の白洲正子に「井筒」の仕舞を習ったこともある。「そんなちょこまか歩いちゃダメよ」と言われながら里春は仕舞に没頭する。そんな時、次郎は自然のままに放ってある庭に立ち、大きな花の重みで頭の垂れた百合の枝を何本か束にして紐で縛っている。年江は部屋で真剣に「井筒」に取組んでいる二人と、そんなことには関心を持たずに庭で働いている次郎とを見較べ、何だかわからないけれども「恰好ええなぁ」と思うのだった。

　年江と佐々木達子の二人が軽井沢から帰る際、五時二十分発の汽車の切符を買って、それにちょうど間に合うように白洲次郎が二人をジープに乗せて駅まで送ってくれたことがあった。改札口で切符を渡すと、これは十五時二十分の汽車だと駅員から注意され二人は「どないしよう」と当惑した。横でそれを見ていた次郎は地団太を踏んで怒った。「お茶屋の女将と旅館の女将が揃って……」と、後は言葉にならない。些細な不幸であっても許さないのが次郎の流儀だ。そんな時には年江はやはり何だかわからないけれども強く生きなければと喝を入れられるような思いがした。年江にとっても里春にとっても軽井沢の思い出は、もうかれこれ三十年越しである。

「また軽井沢においでよね」と繰り返しながら「佐々木」を後にする二人を白洲は玄関まで見送り、「そろそろお迎えがくるからね」と言った。これは次郎が年をとってから京都を去るときの決まり文句だ。またいつもの冗談だと二人とも余り気にもとめなかったが、それから一週も経たずに、白洲次郎は他界してしまったのである。

　私が「松八重」に出向き、白洲次郎の思い出を二人に語って貰ったのは白洲の死後三年のこと、もうそれからも十六年が経過しているけれども、二人は時に涙を浮かべ、声をつまらせて白洲次郎追慕の気持を流露してくれた。そして感傷にふけるのは次郎の好みではない、と気分を建て直し明るく語る、その話しっぷりは実に見事であり、今なお私には鮮明である。これが京都の一流の女性なのかと思われた。

「松八重」の表札は二枚書かれたが
一点は盗まれてしまった
「武相荘主人」と側面にある

「松八重」のバーに運ばれたウイスキイ樽の蓋［左］には、親友ロビンから直接横浜経由で鶴川の次郎に送ることが示されている

冷凍庫を開けるたびに冷凍した鮭を見るのだが「どうしても焼く気がせえへんのっせ」と里春は目を見開いて語った。その目は過去の白洲次郎と向き合っている。

姉の里千代と共に踊るのを見ると、白洲は必ず「ねえちゃんはうまいね」と言って、叱られるのはいつも自分であったが、姉が引退してからは「ねえちゃんがやめてから君の踊りはうまくなった」と誉めてもらえた。それにしても一体何度叱られたことだろう。鮮やかな茜色の大きな風呂敷を戴いた際、いつも眺めていたいから「これ暖簾《のれん》にしたらええなぁ」と言ったら、「風呂敷は風呂敷だ」と怒鳴られた。鉄砲玉のようにきれぎれの言葉がとんで来て、その最後に気が晴れたかのようにニコッと笑う。「そのお笑いやしたお顔、うち好きやったわ」、あんな胸のすく笑顔は白洲さん以外に見たことがない、単に優しいだけではない、いつも世の中のことに義憤を持っていて、そばにいるだけであたりの空気が張りつめる、その白洲さんの笑顔だからこそ価千金なのだ、そうに違いないと里春は自分自身に語りかけるように話すのだった。

辻村年江は「日本一親切なトシちゃん」と言われたことを、少女のようなはじらいをもって語り、臆することなく初対面で一目惚れであったことを告白した。

白洲さんという苗字が変わっているので「何ていうお名どすね」と尋ねるとぶっきら棒に「八五郎だよ」と答えて以来のつき合いだ。いつも怒っているような顔をしているが「日本一親切な次郎さん」だ。昔、「松八重」が四条通りの北側にあった頃、南に移るについて何くれと尽力してくれた。後になってその時のことを言うと必ず「俺は何もしてないよ」と言って照れた。白洲の照れ屋は有名で、新幹線の中で通路をはさんだ横の座席の若い女性の「素敵なおじ様」という声が聞こえた途端、白洲はそちらを向けなくなり、京都に着くまで硬直したように窓を向いていたという話もあった。年江は、照れ屋と言えば自分も同じで白洲と二人きりになると何も言えなくなるのが常であった。料理屋を出て二人で嵐山を歩いたことがあったが、一言も喋らず、白洲が握っていた団扇を貰って、今でもそれを大事に使っている。照れ屋の親切は、直截でぶっきら棒だ。

うまいものをごちそうするよと言われ、初めて白洲と東京で食事をするので喜びいさんで出かけたのだが、連れて行かれたのは銀座の鮨屋であった。その頃年江は生の魚が苦手で食べられなかった。目の前に出された刺身に手をつけないのを訝《いぶか》った白洲に、それを告げると、間髪を入れず箸を投げて立ち上がり「他に行こう」と激しいような様子で店を後にした。「始めから言え」と叱られ、年江は首をすくめた。

志賀高原の木戸池の山小屋を訪れたときに、英国のお友達から送られてくる白洲さんの名の入ったウイスキイの樽を見て、ウイスキイが空になったら欲しいなぁと呟いたが、もう白洲さんは忘れているだろうと思っていると、ある日突然、白洲が車に積んで京都まで持って来てくれたこともあった。万事がそんなで、白洲次郎には前置きも前ぶれもない。

年江は白洲の書く邪気のない字が好きだ。「松八重」の表札も墨で書いて貰って掛けてある。芸妓さんの中には、腹の立つことがあるとおかあさんの家の前まで行ってあの表札の字を見て帰ってくると気が安らかになる、白洲さんのこと何も知らない妓でもそういう人がいる。年江がその話をすると、里春は自分も表札を書いて貰っているのだけれど残念なことに、墨がじゅんじゅんに滲《にじ》んでいる。どうしてもう一度書き直して貰わなかったのだろう、とさかんに悔やむのであった。

2

白洲次郎は経済界、政界で活躍した人物であるにもかかわらず、彼が生涯の友情を結び本当に心を許した友には文学者・文士が多かった。くしくも一九〇二年(明治35年)の同年に生まれた河上徹太郎、小林秀雄、兵庫県立第一神戸中学校の同窓生だった今日出海、ゴルフや酒呑み友達の川口松太郎等々。官僚や政治家や経済人などにも友人はいたが、そうしたつき合いだけでは自足できない何かが彼にはあったようだ。

白洲次郎は、一九一九年神戸一中を十七歳で卒業し、一九二八年二十六歳で帰国するまで、人間の人格形成で最も大事な時期の十年間をイギリスで過ごした。彼は日本の高校も大学も知らないのである。帰国後も、日本が米英に宣戦を布告するまで、「一年に三回位の割合で外国へ行った。だから日本には、一年に四ヶ月位ずつ滞在」していたのだと自身で述べている。当時の旅は長い船旅だったのだから、日本にいる期間が「滞在」だったというのは正に実感であろう。

大正の半ばから昭和十六年まで、日本でのわずかな「滞在」期間はあっても、日本においては白洲次郎は言わば不在者として過ごしたのである。暗黒の昭和史というような言葉を私は使いたくないけれども、満州への進出、満州事変、上海

［右］小林秀雄と旅先での珍しい写真
［左頁］吉田茂から贈られた応接セットのかたわらに
次郎作の竹製スタンドが灯る　平成11年
囲み写真は次郎宛献詞のある
吉田茂著『回想十年』第1巻
（昭和32年7月、新潮社刊）と
愛用の手持ち眼鏡

事変、満州からの撤退勧告をする国際連盟を脱退、日中戦争、ノモンハン事件と言葉を年表から拾ってくるだけで怖気立たずにはいられない。その日本歴史の恥部を、白洲次郎は一億同胞の視点からではなく、不在者として眺めていたのである。彼が、その時々の事件、事変、戦争をどこで、どのように眺めていたか、そしてその時に「滞在」していた国の人々とどのような会話を交わしたか、もう知る由もない。

　しかし、後年の河上徹太郎と今日出海との座談会で、白洲はこう語っている。

〈白洲　戦争前は日本の全部が自己陶酔だね、一種の……。始めはちっちゃな嘘なんだ。ちっちゃな嘘をついて、それがバレそうになると、だんだん嘘を大きくしてゆくんだな。しまいにその嘘をほんとだと自分で思っちゃうんだ。〉（『プリンシプルのない日本』所収「日本人という存在――白洲次郎氏を囲んで」）

　白洲は嘘が雪だるま式に大きくなって行く様を遠近とりまぜ様々な角度から眺めていたに違いない。一つの事象を他国から眺めれば、その国の数ごとに異なる像が結ばれる。沢山の像に対する想像力は「自己陶酔」によって消殺される。消極的に言えば白洲次郎は不在者であることによって「自己陶酔」から救われたが、白洲次郎のプラグマティズムは積極的に雪だるまの核になる「嘘」を見抜かずにはいられなかったろう。

　戦後の終戦連絡事務局での、ＧＨＱを向うにまわした彼の活躍、あるいは商工省から通産省への改組、電力事業の再編成といった経済復興のための荒療治は腕力をもった部外者（彼は外務省の役人でもなければ商工省の役人でもなかったし、代議士でもなかった）の立場であったが故になしとげられた仕事だと思う。白洲次郎の場合、この「部外者の立場」は「不在者の立場」と重なっているように見える。

　白洲次郎は一九五〇年代に、主に「文藝春秋」を舞台にしていくつものエッセーを発表している。そのエッセーの中で

白洲次郎君
恵存
吉田茂

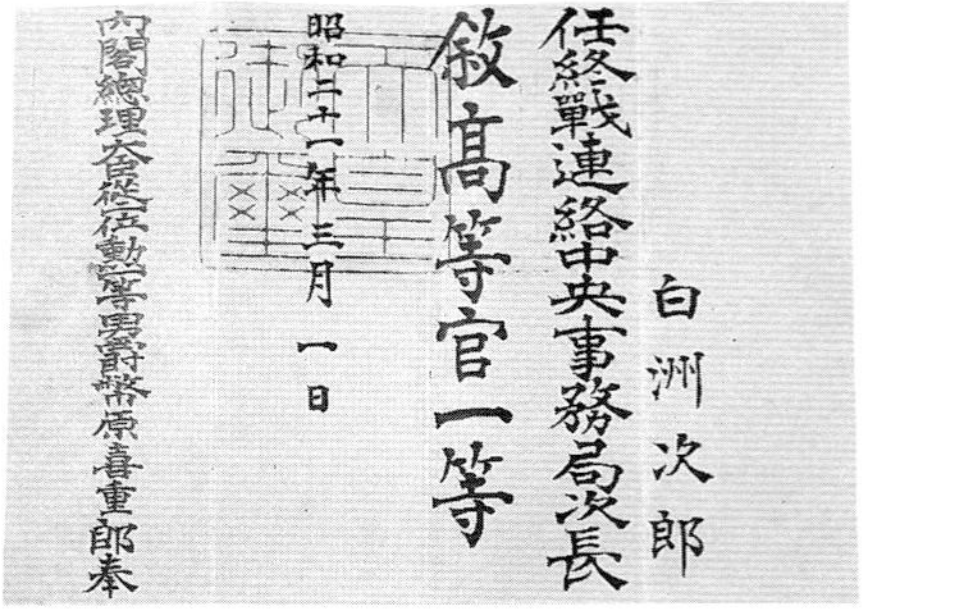
白洲次郎
任終戦連絡中央事務局次長
敍高等官一等
昭和二十一年三月一日
内閣総理大臣従二位勲一等男爵幣原喜重郎奉

［右］終戦連絡中央事務局次長の辞令
［左］サンフランシスコ講和会議のオフィシャル・カード
次郎は特別顧問（Special Advisor）の肩書

印象深い言葉として私に響くのは「私の単純な社会正義感」という言葉である。朝鮮戦争の勃発に始まる一九五〇年代は、言うまでもなく資本主義陣営と共産主義陣営との「冷戦」の時代、日本では「冷戦」の中の再軍備問題、日米安保条約で揺れた時代であり、また経済復興が進む一方でインフレが深刻化した時代でもあった。そのような時代の様々な不条理、不公平、政界や財界の指導者の一種の時代錯誤に対して、白洲次郎の「単純な社会正義感」は炸裂した。現在『プリンシプルのない日本』と題し、新たに編集、刊行されているので、その五〇年代の白洲のエッセーは容易に読める。体制側の人間であるはずの白洲が、たとえば「私は此頃の学生騒動に同情的である」と記し、「経済界の経営者の団体で経済界のお偉方が集って、左傾的の思想のある学生は各会社に採用せず、採用する学生の思想の健全の保証を各大学当局に要望したというニュース位、私を憤激させ、又これらお偉方に対して軽蔑の念を起させたものはない」（前掲書所収「腹たつままに」）と述べている。「憤激」と「軽蔑」はこれではおさまらず、「民主主義だとか何とか一応は一人前に述べ立てることは知っているらしいが、一寸したはずみに腹の底はやはり昔並の『危険思想取締法案』を絶対支持した性根を暴露する」と、まるで怒声が聞こえて来るような文を加えている。「私の単純な社会正義感」の「単純な」とは「強烈で一直線な」という意味に解釈できよう。

戦争直後、GHQの民政局からつきつけられた憲法草案をめぐる白洲の思い出を読むと、GHQからつきつけられる前に、何故日本政府が独自の主権在民の憲法を作らなかったかという悔しさがあふれているように思う。戦争に敗けたのに未だに「昔並の」ものさしの政治しか頭にない政治家達への白洲の憤りを連想せずにはおれない。彼が鋭く衝くのは、不在者であったが故に見えてしまう日本の指導者の欠陥だ。

あるいは白洲の「単純な社会正義感」

の「単純」とは謙遜と皮肉がないまぜになった表現かもしれない。普遍的で明確な原則を立てることを避け、肝腎なことは曖昧にすることを尊しと考える土壌があり、ものごとをあえて複雑にすることがあたかも高級であるように考えている知識人がいる。そんな日本人の「自己陶酔」的な複雑さは、自分はまっぴら御免だ。私の社会正義感を幼稚と呼ぶなら呼ぶがよい。しかし自分では幼稚とは思わない。単純なだけである、というような思いをこめた皮肉である。とすれば、「私の単純な社会正義感」という表現にも不在者の影が落ちていると見るのは穿ちすぎであろうか。

　白洲次郎は、大きな仕事を成すには理解者を求めるよりも積極的に敵を作れ、敵のいない仕事など大した仕事ではない、という意味のことを周囲の人々に折にふれ告げていたという。事実、かっこうな敵を見出したときの白洲の目の輝きは爛爛たるものだった由。味方の人数よりも敵の人数が多い方が闘う意欲が湧いてくるタイプの人だったらしい。それでも、

［上］「従順ならざる唯一の日本人」といわれたことをほうふつとさせる次郎の雄姿　右端は吉田茂　GHQの会合で
［下］講和会議出席のための公用パスポートなど　次郎のパスポート類

JIRO SHIRASU
COUNTRY
TSURUKAWA, MACHIDA-SHI, TOKYO
MAIUSCOLE
RITORNO

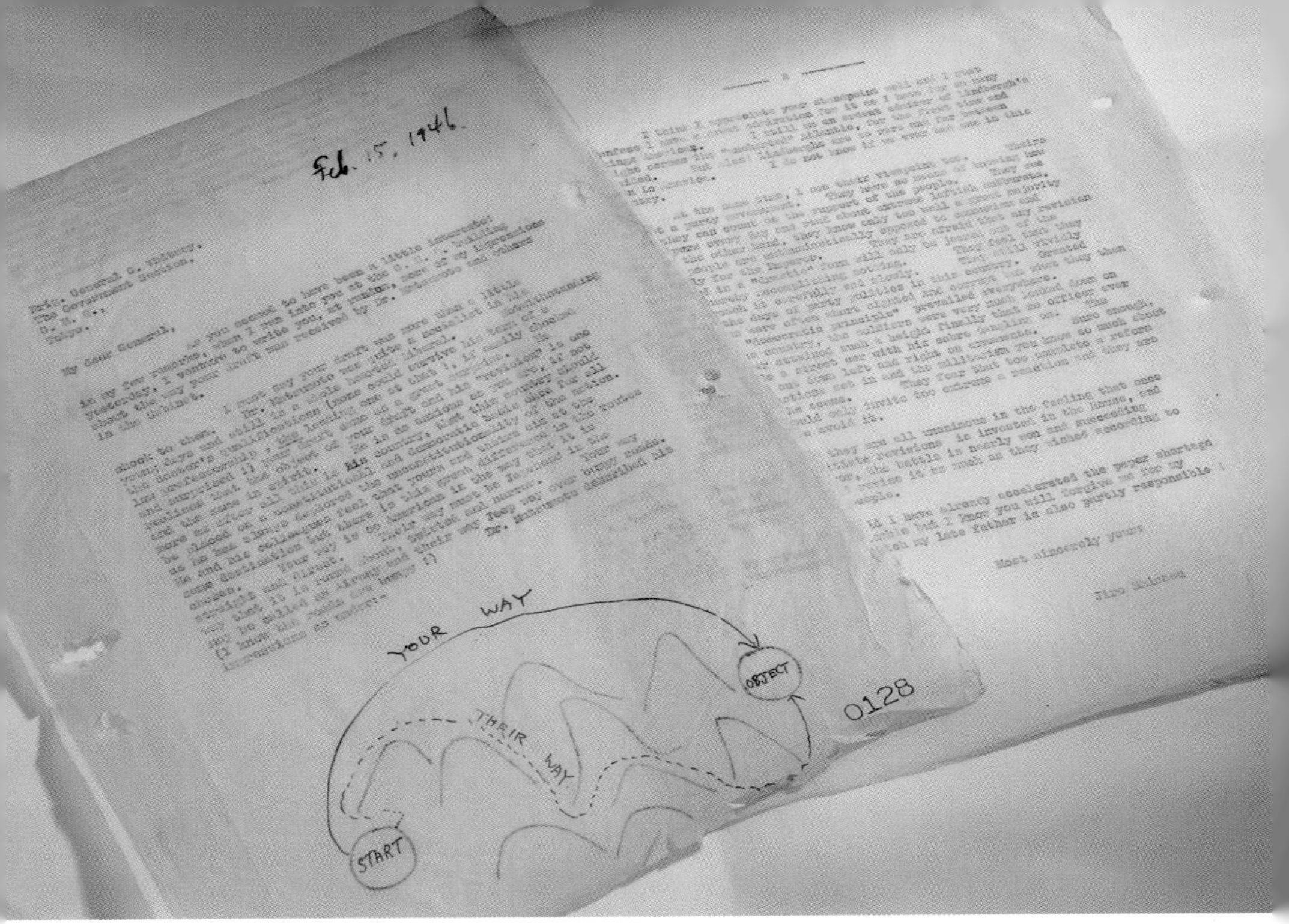

［右頁］次郎愛用のオリベッティのタイプライター
便箋のレターヘッドにはタウン、カントリー、サマーの3つの住所
［上］「ジープ・ウェイ・レター」と通称されるGHQ民政局ホイットニー准将宛書簡
新憲法作成をめぐる日米間の作業手順について、米国側のダイレクトな方法を「空路」、
日本側の根回し重視を「陸路(ジープ・ウェイ)」と比喩を絵にまで書いて説明　外務省蔵　撮影・菅野健児

戦後の吉田内閣時代に「側近政治」だとか、ひどい場合には「君側の奸」「昭和のラスプーチン」などと新聞や雑誌に評されれば、愉快であろうはずはない。そんな時に白洲次郎の実像を世に紹介しようと努め、座談会に招いたり、原稿の執筆をすすめたのが、前記の文士諸氏であった。

しかし、白洲の批評は文学者達にも及んだ。先にも引いた河上徹太郎と今日出海との座談でこう述べている。

〈白洲　それが一番嫌いだね。日本の人はよく、ジイドはこう言った、ボオドレエルはこう言ったなんて言うけど、どうだっていいじゃないか、ジイドが何を言おうと。〉

何故日本人はダイレクトにものを言わないのかという指摘である。原則を立てないこと、自己に立脚した率直な発言をしないこと、共に白洲次郎の嫌うところだった。文学者の中にも、権威ある文学者の言を引いてその背後に隠れてしまう弊がある。そう指摘された河上にとって

只見川のダム竣工式に臨席された秩父宮妃と
妃殿下は正子夫人の幼友だち

只見川につくられた発電所には次郎による関係者への感謝の碑がたつ　左は柳津発電所の碑で「この発電所の完成は／地元の人々の理解ある／協力と東北電力従業員／の不抜の努力なくしては／不可能であった／その感激と感謝の／記録にこれを書く／白洲次郎」とある（片門発電所のも同文）他にも「建設に盡力したみなさん／これは諸君の熱と力の／永遠の記念碑だ／上田発電所竣功に際して／白洲次郎」、「本名発電所／の竣功に際して／遠隔の地で幾多の／不便を忍び建設／運営に邁進しつゝ／ある東北電力社員の／家族に対して心からの／感謝を捧げる／白洲次郎」、只見川ではないが「慰霊のことば／東北電力の最初の新鋭／火力発電所の竣功／のよろこびの日に／殉職者の尊い犠牲／をおもう／昭和三十三年十月／白洲次郎」（八戸火力発電所）などがある

東北電力初代会長として只見川のダム建設に力をそそいだ次郎には、現場の人々とタッグを組んでいるようなところがあった

武相荘には次郎が買ってきたものも残る
これは人面のついたコート掛

も、今にとっても、白洲の魅力は、その所感のうぶさにあっただろう。白洲次郎は強く激しく攻撃的だが、その目は少年の日の清澄を失っていない。

3

戦前は近衛、戦後は吉田の言わばブレーンであったけれど政治家ではなく、東北電力の会長を辞めたあと、いくつかの会社の役員を務めたが、財界人にもおさまっていない。文士や芸術家に知己が多いけれども、いわゆる文化人でもない。あえて言うなら白洲次郎は様々な社会を横断した人であった。

　日本の社会は所属する組織がはっきりわかる人には心を許すが、そこを横切って行く人に対して冷い社会である。あなたは何者ですかという問いは、その人の性格や心情を問うてはいない。職業を聞き、所属する組織を尋ねる問いである。そういう問いには白洲次郎は「農民だ」としか答えなかった。様々な社会を横断する人は孤独たらざるを得ない。

　若干性質が違うかもしれないが、白洲正子も似た人生を歩んだ人だったと思う。能に造詣が深いといっても、能楽評論家になったわけでもなく、古美術を愛したが、美術評論家でもなかった。紀行作家でもなければ、評伝作家でもないというふうに、何々ではないと言い始めれば、いくらでも続けることができる。

　白洲正子の著作がある文学賞の候補に

正子夫人が買ったものの中で一点
朝鮮の鐙は次郎の買物

信州下諏訪に旅行した時の白洲夫妻
「みなとや旅館」の前で　1981年9月1日
撮影・小口惣三郎

上ると、ある高名な女性作家が「こんなに写真や図版の多い本は文学賞の対象にはならない」と言って授賞に反対したという。文学者にとって、白洲正子は文学と美術を横断する者としてとらえられたということだろう。白洲正子は職業を意識して文章を書いたことはなかったに違いない。そして自身の孤独をむしろ活力源として仕事をした人だったと思う。

次郎・正子夫妻は肩書きを持たずに生きたという点で共通し、その点で互いに互いを認めていたのではなかろうか。二人は共に若いうちに海外に渡ったが、それよりも以前に彼らの父親が、明治時代に欧米に留学し、次郎も正子も西洋の文化をとり入れた生活の中で育てられた。日本人及び日本文化を相対化して眺める視点は若いうちから自《みずか》らのものとなり、日本人の社会に帰属することに居心地の悪さを感じることには慣れていたのだと思う。大袈裟な言い方になるが、二人は東洋と西洋を横断する人達でもあった。

白洲次郎は沢山の人に「夫婦円満の秘訣は一緒にいないこと」という冗談を言い、それはあながち冗談でもなく、実感でもあったと想像されるけれども、日本人社会での互いの孤独は、一緒にいないからこそ強い紐帯として二人をつないでいたと想像される。

二人が晩年のある夏のこと、軽井沢に別荘を持つ親しい人々が集まる食事会に招かれたことがある。歓談が始まると御老人達は口々に「昔の軽井沢はよかった」「今と較べて昔は……」と昔の軽井沢を賛美し、現今の移り変わりをしきりに嘆いた。いつまでたってもしつこくその話題が続けられるうちに、次第に次郎がいきり立って来た。次郎の指が机を叩き始め、それでおさまらず、すっくと立って「今の方がずっといい！」と一声怒鳴ったそうである。食卓のあちこちの話し声は止み、場は白けたが、隣に座っていた正子夫人だけは「ああ、すっとした」と思ったそうである。そういう話をする際にうかがわれる正子夫人の夫に対する感情には、愛情などという言葉では伝わり得ない、もっと客観的で乾いた支持があった。

白洲次郎は「ウチの婆さんは偉い」と晩年になってからよく人に洩らした。正子の雑誌に掲載された文章も単行本も開いて見ることもなかったらしいが、とにかく「婆さん」は何度も現地に出かけてから、取材に手を抜かずに書くから偉いというのが、その言葉の意味するところであった。一度行ったことがある所であっても、今は変っているかもしれない。以前に気がつかなかったことの新たな発見があるかもしれない。書く以上は確かめたい。膝が痛む、持病の喘息が苦しい。それでも近江へ、若狭へ、吉野へ出かけて行くのである。その姿に次郎はもの書きの良心を見たのだ。「ウチの婆さんは偉い」という評価にも客観的な支持が背後に読みとれるだろう。晩年の二人に感慨めいたものがあったとすれば、一つの社会に居おおせた満足感ではなく、様々な社会を横断しぬいた歩みの達成感ではなかったか。

「イッセイ・ミヤケ」の服を着て堂々たるモデルぶり　1975年　撮影・操上和美

白洲正子は自由気儘に骨董を買っていたが、家具の類を買うときには必ず夫に相談してから買う買わぬを決めたという。あるとき李朝の箪笥に目をつけ、正子が次郎にどうしようかと相談する場に、私はいあわせたことがある。ぼそぼそと会話している声が耳に入って来て、私はびっくりした。二人は英語で喋っているのである。そして、道具屋さんに「ごめんなさいね、次郎さんあまり気に入らないようなんでやめとくわ」と告げた。その短い英語の会話は周囲の人に聞かれたくないという理由もあったかもしれないが、その自然な感じは、夫婦間で何かを決める場合はおのずから英語になってしまうというふうであった。そのとき私は、白洲夫妻の一つの愛情のありかたを見たような気がした。

明治維新の動乱期を生きた祖父・退蔵

生後100日目の次郎 兄・尚蔵、姉・枝子と

白洲次郎年譜
1902〜1985

綿の貿易商で大成功した父・文平

母・芳子

◆**1902年（明治35年）**

2月17日、父・白洲文平、母・芳子の次男として、兵庫県芦屋に誕生。5歳年上の兄（尚蔵）と3歳年上の姉（枝子）がおり、後に2歳年下の妹（福子）と9歳下の妹（三子）ができた。白洲家は元禄時代から歴代儒者役として三田藩主九鬼氏に仕えた家柄。祖父・退蔵（1829〜91）は、弱小の三田藩の家老として明治維新の動乱をのり越え、三田県大参事、横浜正金銀行頭取、岐阜県大書記官などを歴任、福沢諭吉とも親交が深かった。父・文平（退蔵の長男、1869〜1935）は、ハーヴァード大学を卒業後、ドイツのボンに学び、その頃、白洲正子の父・樺山愛輔（1865〜1953）と知り合った。

〈若い頃の文平は〉いつも仕込み杖を持って、肩で風を切って濶歩しているような青年であったという。帰朝した後、三井銀行に入ったが、算盤なんかはじいていては世間が見えなくなるといって飛び出し、鐘紡につとめた。ある時上役の奥さんが、何かの拍子に「お前さんがたは……」といったので、「家老の息子にお前さんとは何事か」と怒って、また飛び出してしまった。そして、もうつとめは真平だといって独立し、綿の貿易商をはじめた。これは性に合っていたらしく、大成功して、一時は大金持になったが、……〉
（白洲正子「白洲次郎のこと」『遊鬼』）

[上]武相荘にかかる祖父・退蔵と親交が深かった福沢諭吉の書
[左]次郎5歳の頃

◆**1914年（大正3年）……12歳**

4月、兵庫県立第一神戸中学校（現・兵庫県立神戸高等学校）に入学。同期には作家・初代文化庁長官の今日出海、評論家の河上徹太郎（卒業前に転校）、中国文学者・吉川幸次郎らがいた。野球部に在籍、乱暴者としてならし、アメリカ車ペイジ・グレンブルックを乗り回した。また、〈（宝塚）少女歌劇団の年上の女性と懇ろになった〉（青柳恵介『風の男 白洲次郎』）など、女性にもてた話が既にあった。

〈白洲次郎と僕は幼な友達である。彼は丈が高く、吶弁《とつべん》で、乱暴者で、癇癪《かんしゃく》持ちで、我々文弱の徒はぶん撲られる恐れさえあった。

だが育ちがよいから、怖いと言っても格別凄味があるわけではなし、後に残るような憎しみを与える男ではない。

その頃の神戸の中学校は粗野で、野蛮だった。一皮剝《む》けば文明人なのにわざと乱暴な真似をしていた。〉（今日出海「野人・白洲次郎」『私の人物案内』）

稲垣足穂の短篇小説「ヒコーキ野郎たち」に白洲二郎として次のような描写がある。

〈この頃、白洲二郎の自動車に乗せて貰ったことがあった。先方は県立一中のカーキ色の制服をきちんと身につけ、軍靴の上にゲートルを巻き締めた、落着いた少年であった。なんでも午後遅く前ぶれもなく彼の運転するオープンカーが表に停ったので、那須と私はそれに同乗して夕方のトアロードを下り、楠公神社東門の傍の材木屋まで出向いたのだった。私は車上で待っていて、那須が下りて、予《かね》て注文してあったボディー用の檜の角材四本を受取り、こうして尾長鳥になった自動車で再び中山手通二丁目まで送り届けられたのである。白洲君の上には彼が一中卒業後にフランスの飛行学校へ行くのだとの噂があって、私は、自分などの到底及びもつかぬ話だと淋しい気持に襲われていた。しかしあの一刻、彼は言葉少なで、われわれの飛行機に特に関心を持っている風でもなかった。

（中略）白洲君のフランス遊学云々は、彼が乗廻している自動車をたねにした何人かの幻想だったときょうになって解釈される。〉（『ヒコーキ野郎たち』）

◆**1919年（大正8年）……17歳**

3月、第一神戸中学校を卒業。イギリスに渡り、ケンブリッジ大学クレア・カレッジに留学。中世史を専攻し、〈ケンブリッジで先生になって一生すごすつもりでいた〉（白洲正子、前掲書）。イギリスでは、ベントレー（1924年5月24日購入）、そしてレーシング・カーのブガッティを所有し、レースに熱中。ともに「オイリー・ボーイ」であった後の七世ストラッフォード伯爵ロバート・セシル・ビング（愛称ロビン。1904〜84）と終生の友情を結ぶ。また、ラグビー、ゴルフなどのスポーツにもはげむ。

〈（ロビン）は次郎とは正反対の、地味な人柄で、

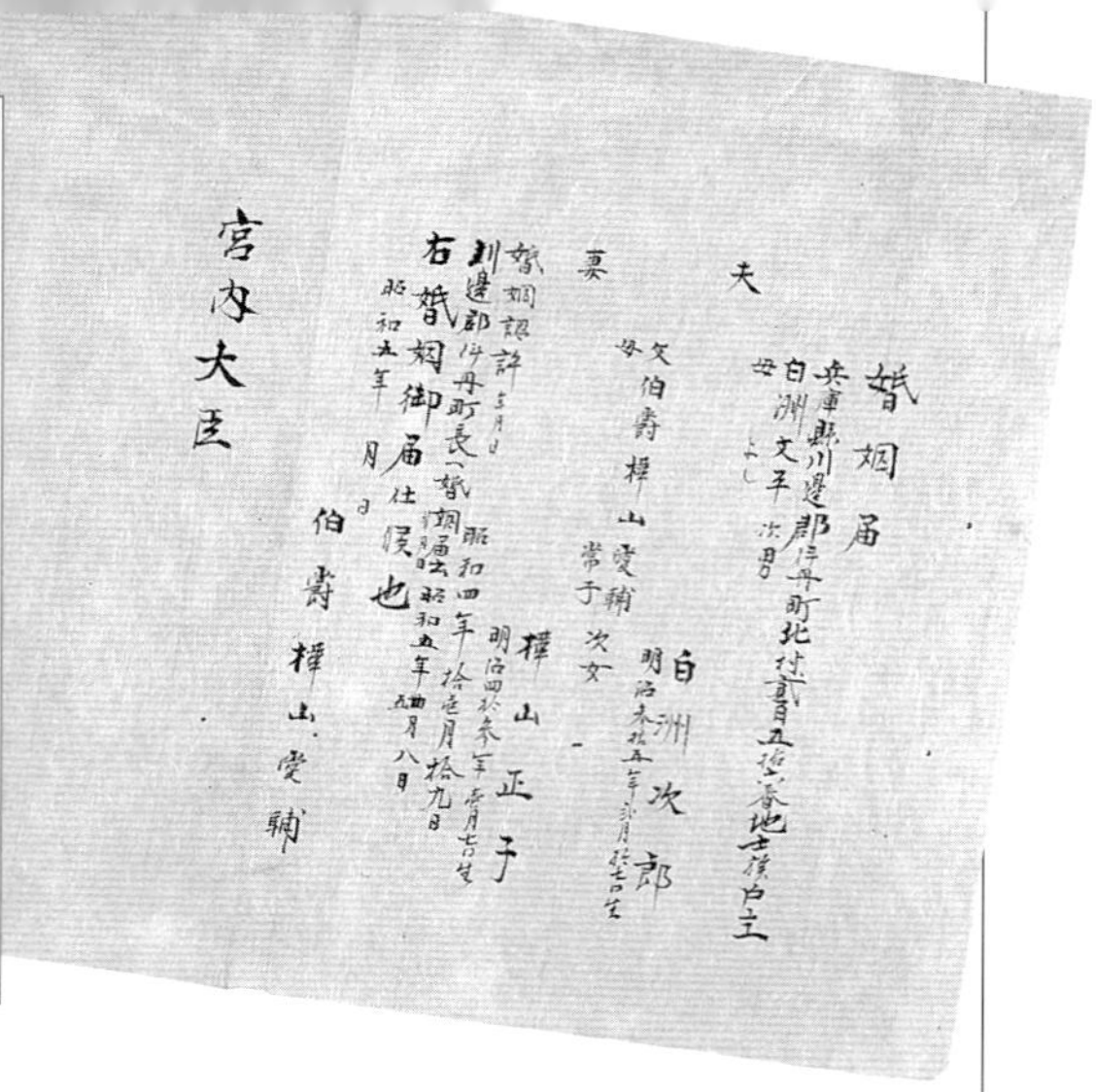
婚姻届
兵庫県川辺郡伊丹町北村貳百五拾六番地士族戸主
夫
白洲文平 次男
母 よし
白洲次郎 明治参拾五年弐月拾七日生
妻
父 伯爵 樺山愛輔 次女
母 常子
樺山正子 明治四拾参年壱月七日生
右婚姻御届仕候也
昭和五年 月 日
伯爵 樺山愛輔
宮内大臣

[右]正子の父・樺山愛輔から宮内大臣に提出された次郎・正子の婚姻届の下書
[左]正子と婚約した頃の次郎

目立つことを極力さけていた。ほんとうの意味でのスノビズムを、次郎はこの人から学んだと思う。いや、すべての英国流の思想の源は、ロビンにあるといっても過言ではない。〉(白洲正子、前掲書)

〈英国で次郎がどのような生活を送ったか、それを知る手がかりは少ない。しかし、生前に彼が近しい人々に語ったところを総合すれば、この九年の歳月の間に白洲次郎は白洲次郎になったのである。自己を磨いたと言ってもいいし、己に目覚めたと言ってもいいが、君子豹変すという古い言葉を用いたい気がする。おそらく、彼は「島流し」にあって自らの「傲慢」「驕慢」を国際的に試したに違いない。そうして、己の豹たることを自覚したに違いない。〉(青柳恵介、前掲書)

◆**1925年(大正14年)……23歳**

ケンブリッジ大学を卒業。翌年にかけての冬休みに、ベントレーを駆って、親友ロビンとともにジブラルタルをめざすヨーロッパ大陸12日間の旅に出る。

◆**1928年(昭和3年)……26歳**

金融恐慌で十五銀行が休業宣言した煽りを受けて、白洲商店が倒産。大学院に進んでいたが、帰国を余儀なくされる。帰国後も第二次世界大戦勃発まで、二年に三回位の割合で外国に行く。日本で過ごすのは年の三分の一ほどだった。帰国後しばらくして〈東京に出て来て、ジャパン・アドヴァタイザーという英字新聞社につとめ、英文の記事を書いていた〉(白洲正子『白洲正子自伝』)。同紙での署名はJon Shiras。この頃からゴルフを楽しむようになった。

この年、樺山正子(18歳)と知り合う。正子は1910年1月7日、東京市生れ。樺山家は薩摩藩士の出。父・愛輔は貴族院議員や枢密顧問官を務め、実業界でも活躍、〈戦前の日本の自由主義を担った代表的な華族の一人で……次郎と吉田茂との後の親密な関係の端緒を作った〉(青柳恵介、前掲書)。正子は、14歳で渡米、ハートリッジ・スクールに留学、能を習い、日本の古典文学に親しんでいた。やはり十五銀行に愛輔が関係していたため、プリンストン大学に留学していた9歳上の兄・丑二《ちゅうじ》とともに帰国していた。家の経済的事情でやむなく帰国した青年同士として次郎と親交を深めていた丑二が二人を結びつけた。

◆**1929年(昭和4年)……27歳**

11月、樺山正子と結婚。父から結婚祝いに贈られたイタリア車ランチア・ラムダで新婚旅行。〈もちろん仲人はいないのだから、次郎が一人で、東京クラブにいた父に「お嬢さんを頂きます」と引導を渡しに行った。「頂きたい」のではなく、「頂きます」と決めていたのが滑稽であ

結婚直前の頃の次郎

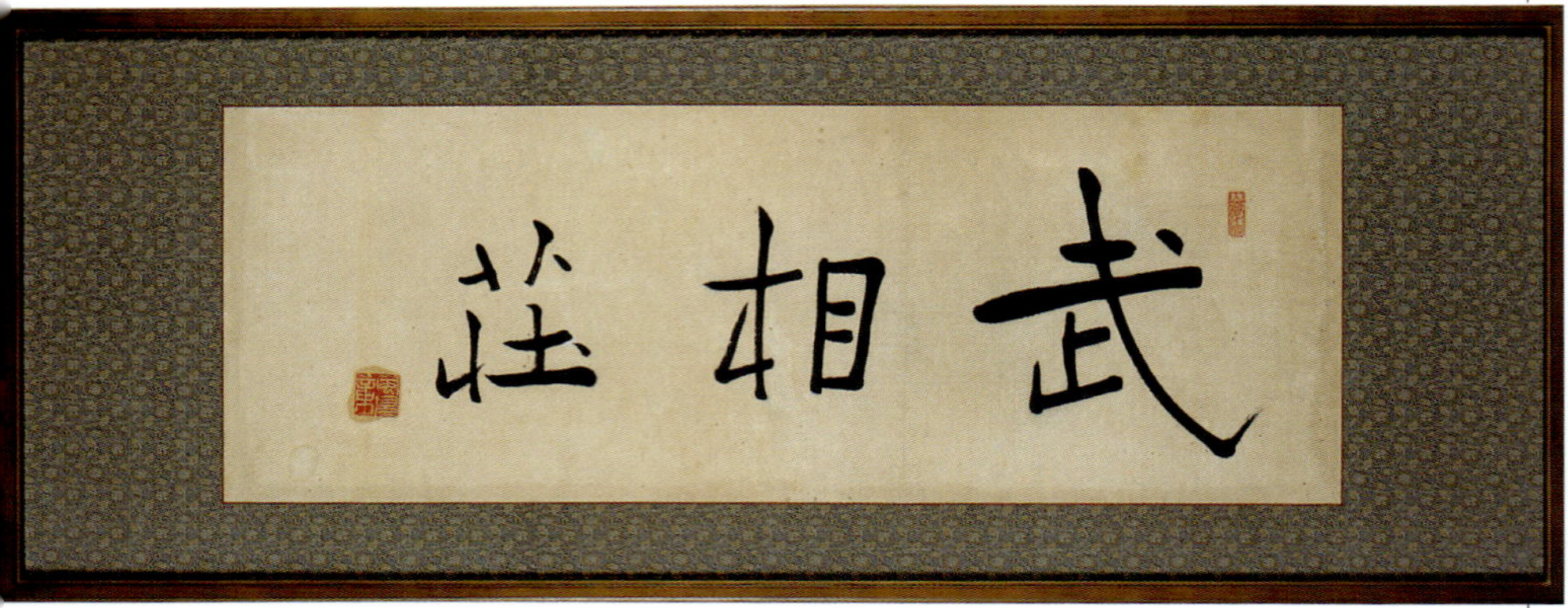

風見章の書「武相荘」　風見は近衛内閣の
司法大臣をつとめ、次郎と交流があった

る。父はしぶしぶ了承したと聞くが、親の心情なんか無視していたのが今となっては羞しい。〉（白洲正子、前掲書）

◆**1931年（昭和6年）……29歳**

2月5日、赤坂氷川町の家にて長男・春正誕生。ケンブリッジ時代の友人ジョージ・セールとの縁で、結婚後に転職していたセール・フレーザー商会の取締役に就任。月給は五百円。

◆**1935年（昭和10年）……33歳**

10月23日、父・文平が死去、享年66。

◆**1937年（昭和12年）……35歳**

3月、日本食糧工業（同月、共同漁業に吸収合併され、後に日本水産株式会社）の取締役（後に取締役外地部長）に就任。鯨油の輸出に携わり、以後毎年、イギリスに赴く。セール・フレーザー商会時代から、付き合いのあった吉田茂が1936年4月に駐英大使（〜1939年）になるとともに親交を深め、ロンドンでは日本大使館の二階が定宿となる。加えて父親同士が親しく幼な馴染みだった牛場友彦（1901〜93）が筆頭秘書官をつとめていた近衛文麿の政策ブレーンとなり、その関係で同じく政策ブレーンだった後藤隆之助、西園寺公一《きんかず》、尾崎秀実《ほつみ》なども交渉をもつようになった。また、近衛は義父・樺山愛輔とも親交があった。しかし、次郎は近衛のブレーンからは最後まである距離をおいていたという。なお、吉田との縁は、吉田夫人・雪子が、鹿児島出身の大久保利通の次男・牧野伸顕の長女だったことによる。

◆**1938年（昭和13年）……36歳**

1月3日、次男・兼正誕生。

◆**1940年（昭和15年）……38歳**

6月3日、小石川水道町にて長女・桂子誕生。この頃から戦争の拡大による食糧難を見越して、東京郊外に田圃と畑のついた農家を探す。

〈（白洲）は戦前、日米戦争が不可避だと予言していた。その時は蒋介石を相手にせずと日本が言っていた頃である。そして日本人の大部分が米国と戦うなどとは思ってもみぬ頃である。そして必ず日本が敗北し、敗北の経験のない日本人は飽くまで抗戦して、東京は焼野原になるだろうともいった。〉（今日出海、前掲書）

一方、枢軸色が強まる流れに抗して1939年駐英大使を最後に外務省を辞していた吉田茂のいわゆる「ヨハンセングループ（吉田反戦グループ）」の一員として「昭和の鞍馬天狗」的活動をはじめる。

◆**1942年（昭和17年）……40歳**

前年12月8日の太平洋戦争勃発後、農林省から水産統制令が発令され、日本水産株式会社が分

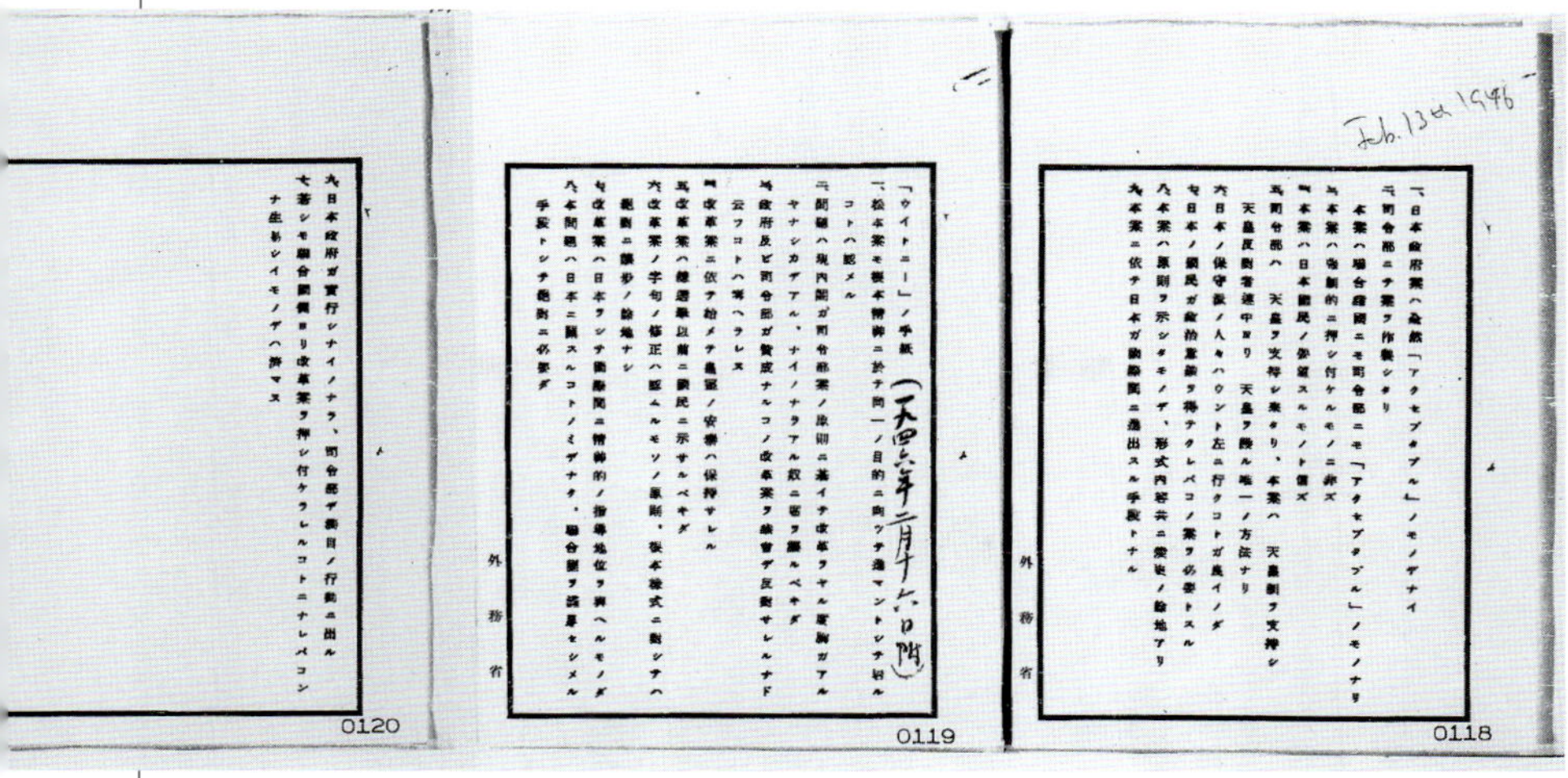
Feb. 13th 1946

一、日本政府案ハ全然「アクセプタブル」ノモノデナイ
二、司令部ニテ案ヲ作製シタリ
本案ハ連合国側ニモ司令部ニモ「アクセプタブル」ノモノナリ
三、本案ハ強制的ニ押シ付ケルモノニ非ズ
四、本案ハ日本国民ノ欲望スルモノト信ズ
五、司令部ハ　天皇ヲ支持シ来タリ、本案ハ　天皇制ヲ支持シ
天皇反対者連中ヨリ　天皇ヲ護ル唯一ノ方法ナリ
六、日本ノ保守派ノ人々ハウント左ニ行クコトガ良イノダ
七、日本ノ国民ガ政治意識ヲ得テクレバコノ案ヲ必要トスル
八、本案ハ原則ヲ示シタモノデ、形式内容共ニ変更ノ余地アリ
九、本案ニ依テ日本ガ国際間ニ進出スル手段トナル

外務省

0118

「ウイトニー」ノ手紙　（一九四六年二月十六日附）
一、松本案モ根本精神ニ於テ同一ノ目的ニ向ツテ進マントシテ居ル
コトハ認メル
二、問題ハ現内閣ガ司令部案ノ原則ニ基イテ改革ヲヤル意嚮ガアル
ヤナシカデアル。ナイノナラアル叙ニ訴ヲ図ルベキダ
三、政府及ビ司令部ガ賛成ナルコノ改革案ヲ議会デ反対サレルナド
云フコトハ考ヘラレヌ
四、改革案ニ依テ始メテ皇室ノ安泰ハ保持サレル
五、改革案ハ総選挙以前ニ国民ニ示サルベキダ
六、改革案ノ字句ノ修正ハ認ムルモソノ原則・根本様式ニ対シテハ
絶対ニ譲歩ノ余地ナシ
七、改革案ハ日本ヲシテ国際間ニ精神的ノ指導地位ヲ与ヘルモノダ
八、本問題ハ日本ニ関スルコトノミデナク・連合国ヲ満足セシメル
手段トシテ絶対ニ必要ダ

外務省

0119

九、日本政府ガ実行シナイノナラ、司令部デ独自ノ行動ニ出ル
七、若シモ連合国側ヨリ改革案ヲ押シ付ケラレルコトニナレバコン
ナ生易シイモノデハ済マヌ

0120

新憲法作成の舞台裏を詳述した「白洲手記」日本国憲法草案が閣議承認された翌日、1946年3月7日、次郎により書かれた　外交史料館蔵

割されることになった。次郎は、彼を同社に誘った社長田村啓三と別れることとなり、辞表を提出。退職金の一部として志賀高原木戸池の山荘を貰い受けスキー小屋とする一方、残金で10月、南多摩郡鶴川村能ヶ谷（現・町田市能ヶ谷町1284）に茅葺き屋根の農家を買う。武蔵と相模の国境いにあることと、無愛想をもじって「武相荘」と命名。

◆1943年（昭和18年）……41歳

5月11日、鶴川村に転居。〈水田が五反歩、畑が三反歩。典型的な零細農〉（「週刊朝日」1951年11月18日号インタヴュー）を営む。戦争中はこうして鶴川村の農民たちとまじわり、河上徹太郎や今日出海といった文士たちとの交歓を楽しんだ。〈鶴川にひっこんだのも、疎開のためとはいえ、実は英国式の教養の致すところで、彼らはそういう種類の人間を「カントリー・ジェントルマン」と呼ぶ。よく「田舎紳士」と訳されているが、そうではなく、地方に住んでいて、中央の政治に目を光らせている。遠くから眺めているために、渦中にある政治家には見えないことがよくわかる。そして、いざ鎌倉という時は、中央へ出て行って、彼らの姿勢を正す、（中略）止むなく大工仕事に熱中していたが、大工の技術は前述のミヨシさんに習ったので、上手であった。家を建てたり、直したりすることも好きだったが、先立つものがないので、父親のような贅沢はできなかった。せいぜい日曜大工程度で、ちょっとしたテーブルや戸棚などはすぐ作ってくれるので重宝した。素人で、腕があれば、どこまでも凝りそうなものだのに、材料なんかそこらのベニヤ板で間に合せ、接着剤でくっつけて済ましてしまう。この点、次郎は徹底した現実主義者で、思い切りがよかった〉（白洲正子「白洲次郎のこと」『遊鬼』）

◆1945年（昭和20年）……43歳

5月24日、前日の東京空襲に、罹災を心配して友人の河上徹太郎を訪ねる。夕、家を失った河上夫妻を伴って鶴川に帰る。以後二年間、河上夫妻は武相荘に寄寓した。8月14日、日本はポツダム宣言の無条件受諾を決定。占領下の12月、吉田茂外相（終戦連絡中央事務局総裁兼任）の要請で、終戦連絡中央事務局参与に就任（翌年3月1日、次長）。同事務局はGHQ（連合国最高司令官総司令部）との連絡調整機関で、以後、サンフランシスコ講和条約の発効まで、「日本国憲法」誕生の現場に立ち会うなど、次郎はGHQとの折衝の矢面に立ち、「従順ならざる唯一の日本人」といわれる。

◆1946年（昭和21年）……44歳

2月15日、日本政府に13日に手渡されたGHQ作成の新憲法総司令部案（マッカーサー草案）に対し、次郎はGHQのホイットニー准将宛に「ジ

［上］羽田で英国政府高官をむかえる　昭和20年代
［右］政財界の第一線から引退した頃　昭和36年6月6日

ープ・ウェイ・レター」をおくり、検討に時間がかかることを説明する。2月末、「不必要な遅滞」は許されない旨の返事を受けとっていた次郎は、二名の外務省翻訳官とともに三日間でマッカーサー草案を翻訳。3月6日、日本政府はマッカーサー草案をベースとした憲法改正草案要綱を発表（11月3日、「日本国憲法」公布。翌年5月3日、施行）。8月、次郎は、経済安定本部（経済企画庁の前身）次長を兼任。晩秋、河上徹太郎の紹介で、小林秀雄が武相荘を訪問。小林が編集する「創元」創刊号（12月刊行）に掲載予定だった吉田満「戦艦大和ノ最期」がGHQの検閲で全文削除されたため、出版に向けての交渉を次郎に依頼するのが目的だった。

◆**1947年（昭和22年）……45歳**
5月、吉田内閣（第一次、1946年5月成立）総辞職にともない、次郎は終戦連絡事務局次長を退任。

◆**1948年（昭和23年）……46歳**
12月1日、第二次吉田内閣（10月成立）のもと、マッカーサーの「お名指し」もあり商工省の外局であった貿易庁長官に就任。輸出行政強化のため、商工省を改組し通商産業省を誕生させる立案者の中心的存在となり、その誕生とともに貿易庁も統合され、辞任（1949年5月24日）。

◆**1949年（昭和24年）……47歳**
2月、GHQ経済顧問ジョセフ・ドッジの超均衡予算の編成指示に反発する。夏から秋にかけ、貿易庁時代の部下・永山時雄が通産省官房長に就任したことから、電気事業再編成にかかわるようになる。

◆**1950年（昭和25年）……48歳**
4月25日、吉田首相の特使として、池田勇人蔵相、宮沢喜一大蔵省秘書官とともに渡米、国務省顧問ジョン・フォスター・ダレスと会見し、平和条約締結に向けて交渉する。

〈この頃から白洲の名は度々新聞雑誌に登場し、「英語の達人」「第二次吉田内閣では貿易庁長官で、首相と二人きりの相談から、時の商工大臣にも相談なしで、商工省を通産省に改めたほど、首相の信任を得ている」「吉田の側近」「党外にあって自由党を動かし、省外にあって通産省を動かす」男と書かれ、「自由党には大臣以下、ロクな奴はいない」と言いたい放題を言う男と書かれている。ひどい記事になると、「総裁側近の奸」とか、「現代のラスプーチン」などとも書かれ、さぞかし当人は不快な思いをしたことだろうと察しられる〉（青柳恵介、前掲書）

◆**1951年（昭和26年）……49歳**
5月1日、東北電力会長に就任。次郎は会長時代、「一寸出かけてくる」と言って、一週間ほど

東北電力会長に就任した頃　昭和26年
左下はお気に入りの英国製オーデコロン、
旅行用シェーヴィング・セットなど

［右］柳津の福満虚空蔵尊にて
［上］母校ケンブリッジ大学ラグビー・チームをむかえて　昭和28年

の欧米旅行に度々出かけた。8月31日、首席全権委員顧問として講和会議に出席するため、吉田首相らと渡米。9月8日、対日平和条約（サンフランシスコ講和条約）調印（翌年4月28日発効）に立ち会う。吉田の首席全権英文演説原稿を日本語に改めさせ、沖縄の施政権の早期返還をもり込ませた。

◆**1952年（昭和27年）……50歳**

11月、吉田首相の特使として欧米を巡る。ロンドンでは、親友ロビンと再会、ストラッフォード伯邸、イートン校を訪れる。この年度に、戦前から会員だった軽井沢ゴルフ倶楽部の理事に就任。

◆**1953年（昭和28年）……51歳**

3月、吉田首相の特使として欧米を視察。8月、母・芳子死去（1874～1953）。〈私の命の中に大きな空虚が出来たと同じで、この真空地帯は私の生の続くかぎり、永久にこのままでいることには間違いはない。〉（白洲次郎「嫌なことはこれからだ」『プリンシプルのない日本』）

◆**1959年（昭和34年）……57歳**

4月10日、東北電力会長を退任。以後、荒川水力発電会長、大沢商会会長等を歴任、大洋漁業、日本テレビの社外役員、S・G・ウォーバーグ顧問等をつとめるが、政財界の第一線からは身を退く。

〈昭和三十四年四月十日、白洲は東北電力の会長から退く。時に五十七歳。只見川の電源開発も一段落した。吉田茂が政界から引退したことも、白洲にとってカントリー・ジェントルマンにもどる誘惑となったであろう。白洲はポルシェ911を乗り回す鶴川村の一農夫に立ちかえったのである。その後、荒川水力発電会長を一時つとめるが、政財界の表舞台に立つことはほとんどなくなる。とは言っても、エネルギー問題に関心がなくなったわけではなく、中東の石油メジャー資本の情勢には常に関心を持ち、ロイヤル・ダッチ・シェルグループの会長、ジョン・H・ラウドンから日本シェルの経営顧問を依頼され、シェル石油と昭和石油の合併にも尽力している。〉（青柳恵介、前掲書）

なお、野球は大洋ホエールズを応援していた。

◆**1976年（昭和51年）……74歳**

2月、軽井沢ゴルフ倶楽部常務理事に就任。老年期をむかえた次郎が最も情熱をかたむけたのが、同倶楽部の運営で、徹底した英国風の倶楽部を実現するために様々な改革を行なった。

◆**1979年（昭和54年）……77歳**

最後のイギリス旅行。親友ロビンとロンドンで生涯の別れの時をすごす。

この若々しい笑い顔
野球はやるのも見るのも好きだった
ごひいきは大洋ホエールズ

[上]次郎の生涯最後のイギリス旅行は
親友ロビンとの最後の別れともなった
撮影・牧山圭男
[下]最晩年の次郎

◆**1982年（昭和57年）……80歳**

2月、軽井沢ゴルフ倶楽部の常務理事制廃止にともない、理事長に就任。

〈白洲はポルシェ911ばかりではなく、ベンツ、パブリカのピックという小型のトラック、三菱のミラージュ、スバルの4WD等を七十を過ぎてなお運転し、時にスピード違反でつかまったりしていたが、八十歳を越してようやく自らが運転することをやめた。トヨタ自動車の豊田章一郎が工学博士であることを知らずに、「君も少しは機械のことを勉強しろよ」と言い、国産車の欠点をいろいろ指摘したという。白洲はトヨタのソアラにも乗っており、ソアラの欠点――小回りがきかないとか、ハンドルが小さく太いとか――も指摘する。（中略）白洲は自分のポルシェ911で東富士試験場に乗り込み、これを分解してソアラを作るときの参考にしたまえと言って愛車を提供した。〉（青柳恵介、前掲書）

◆**1984年（昭和59年）……82歳**

七世ストラッフォード伯ロビン・ビング死去。ロビンは来日した折には、武相荘ではドテラ姿となり、志野のぐい呑みでブランディを飲んだ。また、次郎はロビンから贈られたスコッチを毎夕楽しんでいた。

◆**1985年（昭和60年）……83歳**

11月16日より、正子夫人と伊賀・京都を旅行。

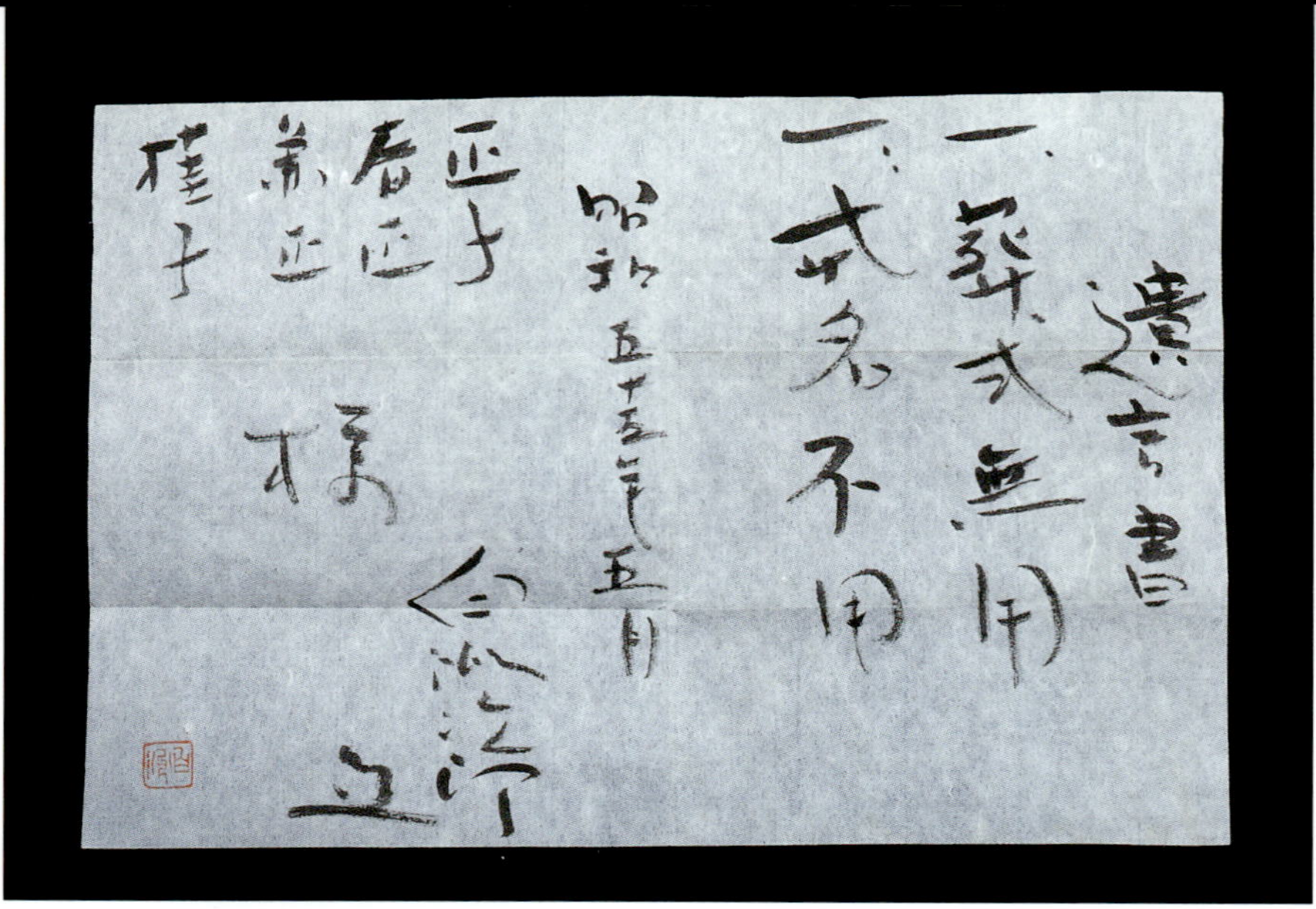

次郎の遺言書は「葬式無用　戒名不用」の2行だけだった

伊賀では福森雅武の窯で素焼きの湯呑み200個に字を書いた。帰宅後26日夕、身体に変調をきたして赤坂・前田病院に入院。11月28日、死去。享年83。遺言書は「葬式無用　戒名不用」の二行だけだった。

◆1986年（昭和61年）

3月14日、「白洲次郎さんを偲ぶ会」が帝国ホテル「光の間」で開かれる（発起人は麻生和子、渥美健夫、犬丸一郎、加藤武彦、川喜多かしこ、小林与三次、近衛通隆、宮沢喜一、森永貞一郎、中部藤次郎、玉川敏雄、堤清二、永山時雄）。なお、三回忌にも同じような会が開かれた。

一周忌の墓前にトヨタ自動車の豊田章一郎、岡田稔弘によってニュー・ソアラが供えられる。

◆1990年（平成2年）

11月、「白洲次郎」出版記念会より、私家版『風の男 白洲次郎』（青柳恵介著）刊行（97年、新潮社より刊行）。

◆1998年（平成10年）

「太陽」7月号特集「白洲次郎」刊行。

◆1999年（平成11年）

8月、平凡社コロナ・ブックス『白洲次郎』（「太陽」特集の加筆・再構成本）刊行。

◆2001年（平成13年）

5月、ワイアンドエフ（現・メディア総合研究所）より、『プリンシプルのない日本』刊行。10月、旧白洲邸「武相荘」を記念館として開館。

◆2002年（平成14年）

4月、「文藝」別冊「［総特集］白洲次郎」刊行。

◆2004年（平成16年）

9月、武相荘で「白洲次郎展」開催。そのオフィシャルブックとしてとんぼの本『白洲次郎の流儀』、新潮社より刊行。

［年譜作成にあたり、青柳恵介著『風の男 白洲次郎』、白洲正子著『白洲正子自伝』、白洲次郎著『プリンシプルのない日本』、須藤孝光作成年譜を参考にいたしました。］

附

武相荘の四季

撮影……………野中昭夫

門松［平成16年正月］

［ ］内は撮影年月

蠟梅《ろうばい》［平成16年1月］

飾餅《かざりもち》［平成16年正月］

白梅《はくばい》［平成16年2月］

卜伴《ぼくはん》（椿）

紅梅《こうばい》［平成16年2月　左も］

武相荘の花の開花の目安と場所

❖福寿草
1〜2月　石臼後ろ

❖蠟梅
1〜2月　休憩所下

❖黒侘助
2〜3月　母屋前・竹林前

❖椿
大半が3月　庭全域

❖片栗
3〜4月　石臼内

❖金蘭
3〜4月　散策路

❖銀蘭
3〜4月　散策路

❖紅梅（八重寒紅）
3〜4月　お茶処前

❖紅梅・白梅
3〜4月　休憩所下

❖幣辛夷
3〜4月　休憩所下

❖春蘭
3〜4月　散策路

❖白山吹
3〜4月　石仏後ろ

❖水仙
3〜4月　石仏前

❖桜（染井吉野）
3〜4月　ショップ裏

❖筍
3〜4月　竹林

水仙《すいせん》

幣辛夷《しでこぶし》

片栗《かたくり》
［平成16年3月　左2点も］

黒侘助《くろわびすけ》

白侘助《しろわびすけ》［平成16年2月　左2点も］

福寿草《ふくじゅそう》

❖躑躅（大紫）
3～4月　長屋門前

❖花菖蒲
3～4月　石仏前

❖花水木
3～4月　石仏の後方

❖姫踊子草
3～4月　庭全域

❖富士桜
3～4月　第1ギャラリー前

❖木蓮
3～4月　石仏の後方

❖浦島草
3～5月　石灯籠付近

❖菫
3～5月　庭全域

❖貝母
3～5月　石仏付近

❖蕗の薹
3月　庭奥・散策路

❖宝鐸草
3月　竹林

❖鶯神楽
4～5月　散策路

❖金瘡小草
4～5月　石仏付近

❖二輪草
4～5月　石臼後ろ

❖一人静
4～5月　お茶処前

❖紫華鬘
4～5月　お茶処前

❖蛇苺
4～6月　庭全域

❖碇草
4月　石灯籠付近

蕺草 ［平成16年6月　下も］
どくだみ

藤 ［平成16年4月　下も］
ふじ

射干
しゃが

大山蓮華
おおやまれんげ

❖立壺菫
4月　竹林・石塔付近

❖立浪草
4月　入口石垣

❖花蘇芳
4月　石仏後方奥

❖武蔵鐙
4月　石灯籠付近

❖藤
4月中旬　第1ギャラリー出口

❖禅寺丸柿
5月（実は10月）　長屋門傍

❖鳴子百合
5～6月　散策路

❖都忘
5～6月　受付脇柵内

❖雪の下
5～6月　石灯籠付近

❖大山蓮華
5～7月　休憩所下

❖犬蓼
5月　第1ギャラリー出口

❖馬の足形
5月　石仏周辺

❖翁草
5月　石仏周辺

❖鷺苔
5月　石灯籠下

❖射干
5月　竹林

❖十二単
5月　お茶処前・脇

❖鉄線
5～6月　お茶処側竹格子

❖山紫陽花
6月　お茶処前奥

山百合《やまゆり》
[平成15年8月　左も]

屁屎葛《へくそかずら》

朝顔《あさがお》

秋海棠《しゅうかいどう》 [平成15年9月　左も]

❖南天　6月(実は11月)　お茶処前
❖柚子　6月(実は12月)　休憩所下
❖蛍袋　6月初め　入口石垣
❖梔子　6〜7月　お茶処前
❖升麻　6〜7月　石仏左
❖蕺草　6〜7月　庭全域
❖檜扇水仙　6〜7月　第1ギャラリー出口
❖大根草　6〜8月　石仏隣石臼後ろ
❖露草　6〜8月　庭全域
❖昼顔　6〜8月　入口竹垣
❖大葉擬宝珠　7〜8月　石仏後方奥
❖屁屎葛　7〜8月　母屋側竹格子
❖山百合　7〜8月　散策路
❖駒繋ぎ　7〜9月　書斎窓外の石垣
❖秋海棠　7〜9月　書斎窓外の石垣
❖盗人萩　7〜9月　長屋門の躑躅の脇
❖水引　7〜9月　全域
❖夏水仙　7月後半　休憩所下

白萩《しろはぎ》［平成15年9月　右・右下も］

夕顔《ゆうがお》

お月見《おつきみ》
［平成15年十五夜］

薄《すすき》

❖朝顔　8月　母屋側竹格子
❖夕顔　8～9月　お茶処側竹格子
❖彼岸花　8～9月　休憩所下
❖下野草　8月　石仏周辺
❖玉珊瑚　8月　お茶処前
❖現の証拠　9～10月　お茶処前
❖白萩　9～10月　入口石垣
❖杜鵑草　9～10月　第1ギャラリー前・石仏前
❖紫式部・白式部　9～10月　石仏隣
❖秋明菊　9～11月　休憩所下
❖山茶花　10～11月　お茶処前
❖銀木犀　10月　お茶処前
❖藤袴　10月　石仏周辺
❖高野箒　11月　散策路
❖紅葉　11～12月　鈴鹿峠石標辺
❖白侘助　12～3月　母屋前
◇詳しい情報は武相荘　042-735-5732へお問合せ下さい

鈴鹿峠石標辺の紅葉［平成15年12月］

蔦の紅葉［平成15年10月］

杜鵑草《ほととぎす》

彼岸花《ひがんばな》
［平成15年10月　左も］

柚子《ゆず》［平成15年12月］

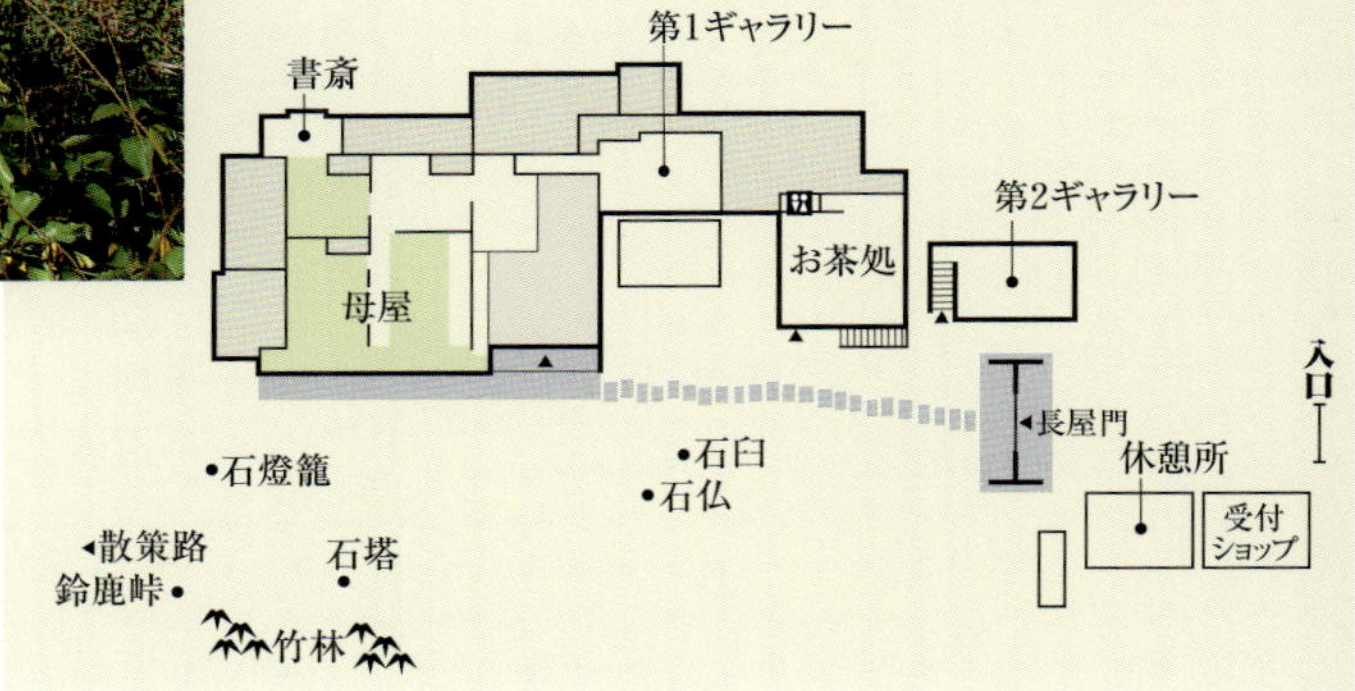

旧白洲邸「武相荘」平面図

ブック・デザイン
大野リサ・川島弘世

本書収録の白洲次郎「同級生交歓」は
「文藝春秋」1959年11月号掲載、
白洲正子「主人のきものと福田屋千吉」は
『きもの美』(『白洲正子全集』第2巻所収、
題名は新たにつけました)より抜粋しました。
その他は本書のために新たに執筆されたものです。

撮影協力
牧山桂子、牧山圭男、牧山龍太、
涌井清春、白洲實、
Julian F.Byng、「武相荘」、「くるま道楽」

参考文献
白洲次郎『プリンシプルのない日本』(メディア総合研究所)、
青柳恵介『風の男 白洲次郎』(新潮文庫)、
『白洲正子全集』(新潮社)、
コロナ・ブックス『白洲次郎』(平凡社)、
文藝別冊『白洲次郎』(河出書房新社) ほか

本書収録の写真で撮影者があきらかでなく、
連絡のとれないものがありました。
御存知の方は、お知らせ下さい。
なお、本書のために新たに撮影され、
特記がないものは、
野中昭夫、奥宮誠次(英国分)によります。

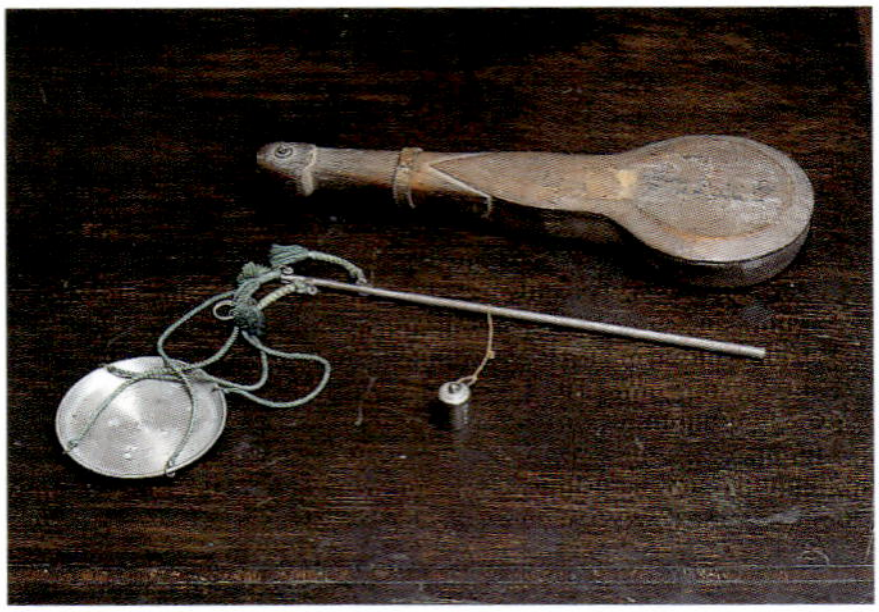
次郎愛用の手秤　撮影・野中昭夫

とんぼの本

白洲次郎《しらすじろう》の流儀《りゅうぎ》

発行　2004年9月25日
22刷　2025年10月5日

著者　白洲次郎《しらすじろう》　白洲正子《しらすまさこ》
青柳恵介《あおやぎけいすけ》　牧山桂子《まきやまかつらこ》　ほか
発行者　佐藤隆信
発行所　株式会社新潮社
住所　〒162-8711　東京都新宿区矢来町71
電話　編集部　03-3266-5381
読者係　03-3266-5111
https://www.shinchosha.co.jp
印刷所　NISSHA株式会社
製本所　加藤製本株式会社
カバー印刷所　錦明印刷株式会社

乱丁・落丁本は、ご面倒ですが小社読者係宛お送り下さい。
送料小社負担にてお取替えいたします。
価格はカバーに表示してあります。

ISBN978-4-10-602118-3　C0395